8 Lk 7 1600 (pur)

Cambrai
1837

Bouly de Lesdain, Eugène (éd.)

Mémoires chronologiques, contenant ce qui s'est passé de plus remarquable à Cambrai et aux environs depuis la réunion

LK 1600

MÉMOIRES
CHRONOLOGIQUES

CONTENANT

CE QUI S'EST PASSÉ DE PLUS REMARQUABLE

à Cambrai et aux environs,

DEPUIS LA RÉUNION DE CETTE VILLE A LA FRANCE

SOUS LOUIS XIV, (1677) JUSQU'EN 1753,

MIS AU JOUR

Par EUGÈNE BOULY,

AUTEUR DES LETTRES SUR CAMBRAI.

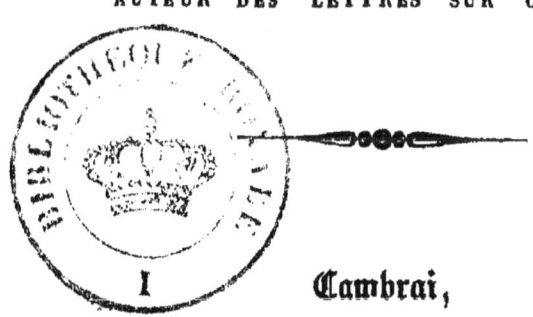

Cambrai,

Imprimerie de J. CHANSON, Libraire,

PLACE-AU-BOIS.

1837.

AVANT-PROPOS.

En finissant, il y a quelques mois, nos lettres sur Cambrai, ce doux souvenir donné à la patrie, nous nous exprimions en ces termes :

« Adieu Cambrai l'antique, Cambrai la guerrière, la fille libre, l'enfant poétique des carrières de Flandre; adieu joyeux et vaillans bourgeois, moines valeureux, chevaliers troubadours ;

grande famille illustrée par les arts, la gloire et le génie; adieu Cambrai la vieille patrie si douce à nos pensées, à nos rêveries, à notre amour!... Place à la France!.. la voilà qui de son pied t'écrase, t'oppresse, te domine; tu n'a plus une vie à toi, plus une histoire à toi, plus une fortune à toi; tes destinées sont liées aux destinées de la France, tes annales premières sont un grand souvenir qui passera comme tous les souvenirs. »

En effet les destinées de Cambrai, depuis le grand roi Louis XIV, se mêlent, se confondent tellement avec celles de la France, sous le rapport politique, qu'une bonne histoire de France serait réellement la meilleure histoire qu'on puisse avoir de Cambrai. Cependant la noble reine du Cambrésis a encore ses événemens privés, sa vie à elle particulière, ses mémoires en un mot, qui s'ils deviennent peu intéressans pour ce qui regarde les siècles anciens, conservent néanmoins un grand attrait en ce qui concerne les jours plus rapprochés de nous.

Nous croyons donc être agréables à nos concitoyens en leur offrant, comme complément et pour faire suite aux lettres sur Cambrai, des mémoires inédits, remplis de faits inconnus qui se ressentent souvent un peu de la naïveté et de la simplicité du tems où ils ont été écrits, mais que nous respecterons comme ces récits de vieillards que personne n'ose interrompre.

C'est d'ailleurs à l'aide de semblables documens qu'on recompose l'histoire effacée des mœurs et des usages de nos devanciers; c'est à l'aide de ces naïves révélations qu'on pénètre pour ainsi dire dans les vieux secrets de la famille, qu'on se reporte aux anciens jours de la patrie, et qu'on trouve un commencement à tous ces grands faits d'aujourd'hui, qui ne sont en réalité que d'inévitables conséquence venues de loin.

Nous prendrons le manuscrit à l'époque où se terminent les lettres sur Cambrai : règne de Louis XIV, et nous le suivrons jusqu'à la dernière année qu'il contient : 1753, époque probable de la mort de l'auteur. Nous ne nous permettrons de changemens dans le style qu'aux passages tout à fait incorrects. Au reste, des notes en dehors du texte serviront au besoin à expliquer ou rectifier les faits qui nous paraîtront obscurs ou erronés.

Puissent nos concitoyens, nos frères, nous savoir gré de la communication de ces mémoires de famille. Nous ne sommes pas de ceux qui renient brutalement le passé et voudraient dans leur sot orgueil l'effacer à jamais pour commencer un temps nouveau, sans précédens, sans souvenirs; ce n'est point non plus à ces enfans perdus que nous nous adressons, aussi espérons nous être bien accueillis en présentant ces renseignemens que tant d'égoïstes dépositaires, gardent ordinairement secrets pour le profit particulier de leur bourse ou de leur amour-propre.

 E. B.

MÉMOIRES

CHRONOLOGIQUES.

C<small>AMBRAI</small> siégée par Louis XIV en personne. (1677) La tranchée fut ouverte devant la ville de Cambrai en présence du roi le 28 de mars 1677. La ville avait été investie le 20 du même mois. Après que les troupes se furent emparées du chemin couvert et des fortifications extérieures en sept jours de tranchée ouverte, par les soins du sieur de Vauban, maréchal-de-camp, Sa Majesté fit insulter en sa présence une demi-lune qui fut emportée par la gorge. Ceux de la garnison qui la défendaient s'étant retirés avec précipitation, don Pedro Saval, gouverneur de la place, fit fermer au plus vite les barrières et les portes, et ne pensa plus, après cela, qu'à permettre aux bourgeois de faire leur composition, et mit les choses en état, pour se retirer le lendemain dans la citadelle.

Le 4 du mois d'avril, le roi reçut Cambrai à composition ; la garnison formée de 4,000 hommes se retira dans la citadelle, et don Pedro Saval se préparant à une longue et vigoureuse résistance, ordonna aux officiers de cavalerie de faire égorger les chevaux des cavaliers, n'ayant pas assez de terrain ni de fourrage, pour les maintenir dans la citadelle.

Le 17 du même mois, le roi ayant fait mettre les travaux en état pour donner un assaut général à la citadelle, en fit insulter les dehors, se rendit maître d'une demi-lune avec grand carnage de part et d'autre et fit battre en ruines deux bastions et toutes les défenses de la place. Don Pedro ne voyant plus de moyen de la défendre plus long-temps, la rendit à Sa Majesté le 17 d'avril. Ce sergent général de batailles des armées du roi d'Espagne, homme de valeur et de réputation, en signant la capitulation, demanda au roi de pouvoir sortir par la brèche avec sa garnison, pour marquer l'extrémité où le canon, les mines et les attaques continuelles l'avaient réduit. Aussi répondit-il, étant à Bruxelles, à ceux qui trouvaient mauvais qu'il n'eût pas fait une plus longue résistance dans la place du Pays-Bas de la plus grande renommée, que si le roi de France attaquait l'enfer avec la force, le feu et les insultes qu'il avait essuyés, il en ferait sortir tous les diables, comme il était sorti de Cambrai.

Le roi voulut voir grand-père des Croates, c'est ainsi que le vulgaire appelait le colonel des Croates qui à la tête de son régiment et des autres troupes s'était signalé dans les sorties qu'il fit pendant ce siège. C'était un grand guerrier, Sa Majesté lui offrit un emploi considérable dans son service ; ce brave répondit aussitôt: qu'il ne connaissait qu'un Dieu et qu'un roi, fit sa révérence, et s'en alla avec sa garnison.

Le roi fut complimenté par M. de Bryas qu'il reçut avec beaucoup de considération.

La ville avait été battue par la porte de Selle.

Aussitôt après le siège, Sa Majesté ordonna aux bourgeois de mettre leurs armes à leurs portes; on les chargea sur des charrettes, et on les porta à l'arsenal de la citadelle. C'est ainsi que les bourgeois qui avaient toujours porté les armes pendant la souveraineté des archevêques et du temps des espagnols, furent obligés de quitter leurs biscayens et leurs mousquets.

Le roi fit quelque temps après, abattre deux choques de maisons : savoir depuis la porte Neuve, jusqu'à la Croix-à-Poterie; et fit fermer la dite porte, ce qui rendit ce quartier désert. Il fit de plus abattre une autre petite choque qui consistait en deux ou trois maisons, pour agrandir la Place d'Armes.

Le premier gouverneur français fut M. de Cesan.

Pendant la nouvelle domination, les bourgeois, d'un côté se voyaient délivrés des pillages et des vols des soldats espagnols qui n'étant ni habillés, ni payés, prenaient où ils pouvaient; mais de l'autre, la maltotte leur était à charge, car les impositions des espagnols étaient fort modiques ; c'est pourquoi ils fraudaient le plus qu'ils pouvaient. Un bourgeois conseilla aux maltotiers de faire peser la braye venant du moulin et de faire payer au poids, ce qui empêcha toute fraude pour la bierre. Ce faux frère fut obligé de s'expatrier.

1680 apparition d'une comête.

Le père Robert de Cambrai, capucin, composa un livre intitulé : *Aurifodina universalis scientiarum omnium*. Il le fit imprimer à Paris en deux tomes in-folio en l'an 1680.

En ce temps florissait le sieur Amé Bourdon, natif de Cambrai, médecin très estimé, non-seulement dans cette ville, mais aussi des étrangers. Il donna au public plusieurs ouvrages de médecine ; entr'autres ses tables anatomiques. (1)

1692. L'église des R. P. Jésuites fut achevée en cette année; c'est leur deuxième église (2) depuis qu'ils furent introduits dans cette ville. M. Carrez, chanoine de Notre-Dame, fut le fondateur de leur première

---

(1) Son nom s'est éteint il y a quelques années dans la personne de M. Bourdon de Maugré, dernier descendant mâle de sa famille.

(2) Celle qui existe encore et qui vient d'être destinée au nouveau séminaire.

église. Monseigneur de Vanderburch leur donna une grosse somme d'argent pour bâtir celle-ci. Tous les tableaux excepté ceux des petits autels sont de M. Arnould, excellent peintre de Lille. Ils furent posés en 1705 et les années suivantes. (1)

Le 18 septembre 1692, à deux heures après midi, il y eut un tremblement de terre, ou plutôt une secousse de terre dans tous le Pays-Bas. Cela ne dura qu'un instant, on vit les bâtimens s'ébranler et se remettre aussitôt dans leur situation ordinaire; ceux qui étaient assis pensaient tomber; plusieurs qui étaient debout crurent être attaqués d'apoplexie ou tomber faibles. On faisait la lessive chez moi, l'eau sortit du cuvier; il y avait un petit enfant dans le berceau, le berceau s'inclina et se remit. On dit que les petites cloches du carillon de l'hôtel-de-ville frappèrent un coup. Il n'y eut pas grand dommage, il n'y eut que quelques cheminées qui croulèrent. Le monde aussitôt se jeta dans les rues, saisi de crainte, et ne sachant ce que cela présageait.

1694. Le 11 d'août jour du glorieux trépas de St.-Géry, se fit la procession qui a lieu tous les cent ans en l'honneur de ce saint, qui trépassa en 594. Les bourgeois n'oublièrent rien pour la rendre magnifique. Il y avait plusieurs chars de triomphe escortés par des hommes sauvages, suivis par des sybilles et autres cavalcades. Plusieurs compagnies bourgeoises

---

(1) Plusieurs de ces tableaux sont maintenant dans l'église de St.-Géry, (autrefois de St-Aubert) mais tous ne sont pas d'Arnould, il y en a d'un autre peintre, nommé Wampe, datés de 1714.

à pied et à cheval fermaient la procession, faisant plusieurs décharges de mousqueterie. Après cette procession, toutes les compagnies vinrent à l'archevêché, se rangèrent dans la cour, firent plusieurs décharges, criant : vive le Roi ! vive monseigneur de Bryas! L'archevêque était sur le balcon, remercia les bourgeois et leur fit donner plusieurs tonnes de bierre.

1695. François De la Motte Salignac de Fénélon, fut nommé par Louis XIV à l'archevêché de Cambrai, en cette année 1695, il fut sacré à Saint-Cyr le 10 juillet de la même année.

C'était un des plus grands génies de son siècle, orné de toutes les vertus propres à l'épiscopat, il en donna une preuve après sa nomination, en remettant entre les mains du roi, le bénéfice dont Sa Majesté l'avait pourvu, (1) disant qu'il était dans le cas des canons et que son archevêché lui suffisait.

Il ne fit pas d'entrée solennelle, mais il vint sans bruit le 14 d'août et arriva chez M. de Mombron gouverneur de cette ville qui demeurait à St-Aubert. Aussitôt le gouverneur fit annoncer l'arrivée du nouvel archevêque par la décharge du canon. Le lendemain, jour de l'Assomption, le chapitre le reçut avec les cérémonies ordinaires. (2)

---

(1) L'Abbaye de Saint-Valery. Il se défit en même temps du prieuré qu'il tenait de son oncle l'évêque de Sarlat.

(2) On lira plus loin, à la date de 1715, époque de la mort de Fénélon, des particularités très curieuses de l'histoire de ce prélat.

1698. Le feu ayant pris par la bibliothèque de l'archevêché, un quartier du palais fut consumé par les flammes. M. de Fénélon le fit rétablir sur la fin de ses jours.

1700. La mort de Charles Deuxième, roi d'Espagne, qui n'avait point d'enfans, ralluma la guerre entre l'empereur Léopold et le roi de France ; l'un prétendant la couronne pour son fils, l'autre soutenant le droit du duc d'Anjou son petit-fils; cette guerre fut funeste à ce pays sur la fin et le ravagea entièrement.

1703. Fut achevée la belle église de Saint-Sépulcre, le clocher est encore celui de l'ancienne église. (1)

1704. Le 29 de juin, la pyramide de l'horloge de l'hôtel-de-ville fut consumée par le feu qu'excita une étincelle qui, du feu de joie, qui était vis-à-vis de l'hôtel-de-ville, voltigea dans un nid d'oiseau. Cette pyramide fut réparée peu de temps après selon la même forme qu'elle avait auparavant. Depuis cet accident on fait les feux de joie au milieu du marché.

1706. Fut refondue Marie Pontoise, qui est la plus grosse cloche de l'église Notre-Dame, dans le jardin de Saint-Aubert. N'ayant pas été trouvée d'accord avec les autres, elle fut fondue pour la deuxième fois. Elle fut bénite par M. de Fénélon.

1708. Le duc de Bourgogne et le duc de Berry, accompagnés du prince de Galles, fils de Jacques

---

(1) Depuis long-temps ce clocher est démoli.

deuxième, roi d'Angleterre, passèrent par Cambrai, pour faire campagne en Flandre. Ils n'allèrent pas à l'archevêché à cause de la disgrâce de M. de Fénélon(1); l'archevêque les visita dans l'auberge de Dunkerque, vis-à-vis Saint-Géry. Les sermens de la ville bordèrent leur passage.

1708. Le 13 d'août, la ville de Lille fut investie par les alliés ; et le 22 d'Octobre, elle se rendit par capitulation. Le 11 de décembre, la citadelle fut également remise aux alliés. Cette ville fut rendue à la France par la paix : les Lillois, en action de grâce, vinrent, (2) la veille de l'assomption, apporter un grand cœur d'argent à Notre-Dame de grâce. Ils furent reçus par les sermens de cette ville qui allèrent au devant d'eux jusqu'à la porte de Selle. Ils continuèrent de venir, tous les ans, apporter un présent le samedi dans l'octave de l'assomption, et de faire chanter le dimanche, une grande messe en musique dans la chapelle de Notre-Dame de Grâce, jusqu'en l'an 1737.

1709. Le 28 juillet, Tournay se rendit par capitulation aux alliés, et le 3 septembre, la citadelle capitula. Le parlement que le roi y avait érigé fut transféré à Cambrai ; il tint ses séances dans l'hôtel-de-ville jusqu'en l'an 1713; il fut alors fixé à Douai, où on lui prépara un beau palais dans le refuge de Mar-

---

(1) On sait que Fénélon fut disgracié pour avoir voulu donner des leçons à Louis XIV, qui n'avait pas besoin, pour régner en grand roi, des sermons de l'archevêque de Cambrai.

(2) A Cambrai.

chiennes. M. de Beauvais, évêque de Tournay, refusa de chanter le *Te Deum* pour la prise de Tournay par les alliés, il revint en France où il fut pourvu quelque temps après de l'archevêché de Narbonne.

1709. L'année mil sept cent-neuf, qu'on appelle communément la chère année, ou l'année du grand hiver, a été remarquable par une gelée des plus excessives qui dura près de trois mois. La veille des rois il fit une très grande pluie, qui continua bien avant dans la nuit; le matin l'on fut bien étonné de voir une gelée très forte. La continuation de cette gelée pronostiquait beaucoup de misère aux pauvres ; elle fit cesser tout à fait le commerce; les gens de métier ne pouvaient travailler, ce n'était qu'à force de feu et dans des caves qu'ils parvenaient à faire leur travail ordinaire. Une si grande froidure causa beaucoup de ravage : plusieurs voyageurs moururent dans les chemins; quantité de sentinelles, quoique renouvelées très souvent, furent trouvées mortes à leur poste ; une grande partie des arbres fruitiers, principalement les noyers et les vignes, furent exterminées; le gibier en souffrit beaucoup, et il est étonnant comme le poisson put se conserver dans les étangs et dans les rivières, tant elles étaient glacées. Ici, à Cambrai, l'Escaut n'avait de la glace qu'à ses bords, parce qu'il y est assez rapide ; mais à Bouchain et aux ténures de Neuville, (1) où il ne coule pas avec tant de rapidité, parce que son lit y est plus large, les glaces

---

(1) Ténures : fermes, dépendances.

étaient si fortes qu'on osait y passer avec des chariots chargés de foin et autres denrées. Plus cette rivière s'éloignait de sa source, plus sa glace était assurée, si bien qu'à Anvers, ses eaux glacées ressemblaient à une plaine, où on ne voyait que tentes, que baraques qui avaient été dressées pour y vendre du vin, de la bierre et autres liqueurs,

Il tomba cet hiver beaucoup de neige; les liseurs d'almanachs espéraient à chaque quartier de la lune un changement de temps qui serait plus favorable, mais ces sortes de livres mentaient encore plus cette année que les autres. Le temps était toujours opiniâtre, la rigueur du froid ordinaire ne se relâchait en aucune façon. Enfin cet air plus doux, tant attendu d'un chacun, arriva le dix-huitième jour de mars : il dégela pour une bonne fois. Les neiges fondues inondèrent plusieurs endroits. Nous avons vu les bas quartiers de Cambrai, vers la porte de Cantimpré, tout remplis d'eaux. Elles vinrent jusqu'au delà de l'abbaye des dames de Prémy, et contraignirent tous les habitans de ces quartiers à se loger dans leurs chambres hautes :

La campagne étant délivrée de toutes ces neiges, les laboureurs faisant une revue de leurs terres, s'aperçurent que la racine des grains était pourrie ; peu de terres furent à l'abri du malheur commun.

Le blé valait sur la fin de cette gelée aux environs de quatre florins; mais quand on fut assuré que tout était manqué, il augmenta bientôt, et monta à un très haut prix. L'orge, l'avoine, les poids, les fèves, le son devinrent le manger ordinaire des pauvres.

Le magistrat de Cambrai fit plusieurs réglemens pour le bien public; entr'autres, ont s'aperçut qu'il y avait grande quantité de chiens dans cette ville, et ce qui est le pis, que plusieurs pauvres, amourachés de ces animaux, retenaient, malgré leur misère, des grands mâtins qui ne leur étaient d'aucune utilité, il fut ordonné au bourreau d'exterminer tous les chiens qu'il rencontrerait dans les rues. Il allait tous les jours faire sa ronde, armé d'une grosse massue, avec laquelle il écrasait tous les chiens qui se présentaient. Le même magistrat fit visite de tous les greniers, et il fit défense de vendre aucun grain en autre lieu qu'à la Halle : on en faisait mettre à proportion tous les jours et on n'en délivrait que ce qu'il fallait à peu près pour chaque famille. La famine était générale, il ne venait pas de blé des autres provinces; une seule chose a beaucoup assisté le peuple : on amenait assez bonne quantité d'un certain grain qu'on appelle de la pamelle ; je crois qu'on allait chercher cela en France.

Les Français avaient été battus à Ramillies, le 23 mai 1706, et à Audenarde, le 11 juillet 1708. Ces deux échecs, comme aussi la perte de places considérables les fit rapprocher de nos cantons. Il fallait leur fournir le pain, le roi fit enlever considérablement des grains de Cambrai et autres villes circonvoisines; il en prit à Saint-Aubert, à plusieurs autres abbayes. Il paya, quelques années après, ce blé au prix qu'il avait valu dans le temps qu'on l'enleva.

Plusieurs particuliers même, qui en avait au dessus de leur provision, étaient obligés de le livrer pour le magasin. Cela faisait bien mal au cœur, principalement des pauvres qui voyaient la disette augmenter par ce moyen. Ils auraient bien souhaité de mettre la main sur ces provisions ; la chose était pleine de danger; enfin sur un soir, comme deux chariots de farine passaient sur le marché de cette ville, pour aller à la chapelle des Orphelins qui servait de magasin, (la nef de Saint-Géry a été aussi employée à cet usage), voici qu'une multitude de pauvres femmes, animées par la faim, menacent de déchirer les sacs avec leurs couteaux pour en prendre la farine. Le charretier craignant cet orage, presse ses chevaux, à grands coups de fouets, mais un petit garçon charpentier prend le premier cheval par la bride et le détourne à coups de règle : les femmes profitent de ce moment; mettent tous les sacs en pièces et prennent le plus qu'elles peuvent de farine. Les soldats du corps-de-garde de la Place accourent, mais il était trop tard, la chose était faite, et la plus grande partie s'enfuyait déjà avec le butin qui fut employé aussitôt à faire de la bouillie ou autre chose semblable. On fit venir sur le champ un piquet de cavalerie qui se porta sur la place vers le Lion-d'Or, de peur de plus grand désordre.

On ne voyait plus de pain, comme d'ordinaire dans les boutiques de boulangers, car il aurait été bientôt enlevé ou par les pauvres, ou par les soldats qui étaient dans une extrême disette. Il y avait quelque temps qu'ils n'avaient reçu leur paie, cela les forçait de vivre sur le commun, quand ils en trouvaient l'occasion. Je les ai vu ramasser les verts de poireaux, et plusieurs autres choses semblables qu'on avait jetées sur le fumier, pour s'en faire de la nourriture; ils achetaient des tourteaux pour les mettre dans la soupe. Leur pain de munition n'était que du pain d'avoine très mal fabriqué. On aurait encore eu quelque consolation dans une si grande misère, si on avait trouvé du pain pour son argent, mais la chose était très difficile; il fallait quelquefois employer ses amis auprès du boulanger, quelquefois il fallait payer le pain avant qu'il ne fut cuit pour avoir la préférence.

Je rapporte avec facilité tout ce qui s'est passé au dehors, mais j'aurais bien eu une plus ample matière à écrire, si j'avais pu sonder l'intérieur d'une quantité de familles honteuses qui cachaient avec soin leur misère, quoique en vain ; car leurs visages maigres, pâles, et défigurés, et les meubles qu'ils engageaient au Mont-de-Piété étaient des témoins journaliers qui annonçaient leur extrême disette. Messieurs les curés ne s'épargnaient en rien pour connaître et pour soulager les pauvres affligés. On faisait la quête par toutes les paroisses; plusieurs riches se sont signalés par leurs aumônes abondantes. Monseigneur de Fénélon, pour lors archevêque de Cambrai, était sensiblement touché de la misère commune qui accablait son peuple. On distribuait la soupe à l'archevêché, à Saint-Aubert, et à plusieurs autres endroits. La mauvaise nourriture causa plusieurs maladies, entr'autres, une fièvre pourprée qui enleva bien du monde.

Enfin il plut à Dieu de mettre fin à nos maux, et

et de nous envoyer une récolte abondante qui nous aurait fait oublier toutes nos misères, si les armées n'avaient pas ravagé tout ce pays.

Le blé vieux a valu jusqu'à 18 florins le mencaud.

Le blé nouveau a monté jusqu'à 24 florins.

L'orge a été achetée 15 et 16 florins la rasière.

La pamelle 10 et 11 florins le mencaud.

Le pain ordinaire de boulanger 20, 22 et 24 patars. On le vendait par morceaux, selon que les pauvres avaient d'argent.

Le pain de munition se vendait 9 et 10 patars. C'était du pain d'avoine si mal fabriqué, qu'il était presque impossible de le manger. J'en ai mangé l'espace de deux jours, parce que notre provision de blé étant finie, nous ne pouvions trouver ni blé, ni pain ordinaire pour notre argent.

Le roi donna du blé pour semer. On sema non-seulement du blé nouveau, mais aussi du vieux qui ne laissa pas d'être de bon rapport.

L'armée de France, quoique exténuée de la disette qui commençait seulement à se ralentir, ne laissa pas de montrer son courage à la journée de Malplaquet, qui arriva le 11 septembre de cette même année 1709. Elle aurait sans doute remporté la victoire, si les gardes françaises et le régiment du roi n'avaient pas donné ouverture aux ennemis. On les a accusés d'avoir contribué à la perte de la bataille ; c'est un déshonneur à ces grands corps et à ces gens de parade qui ne s'effacera jamais de l'esprit des autres soldats qui les renverront toujours à

Malplaquet (1). Il y avait un temps considérable que l'armée n'avait plus de vivres; cela n'empêcha pas le soldat de se battre avec vigueur. Le maréchal de Villars, général de l'armée de France, reçut une blessure à la cuisse dont il fut boiteux. Il y eut beaucoup de perte de la part des Français et des Hollandais; les blessés qui pouvaient marcher, tâchèrent de gagner les villes voisines, il y en eut un si grand nombre qui tombèrent sur Valenciennes, qu'on fut obligé de fermer les portes à leur nez : ces pauvres gens ne sachant que devenir, ramassèrent toutes leurs forces, et tâchèrent de se traîner jusqu'à Cambrai. Nous sommes sortis par la porte Notre-Dame, pour voir ce triste spectacle : ce n'était que blessés dans le grand chemin; les uns avaient la tête enveloppée avec leur chemise, les autres le bras soutenu avec la cravate, celui-ci tombait par terre et ne savait plus marcher, celui-là ne faisait que gémir et déplorer son malheur; d'autres revenaient à cheval ne sachant pas se soutenir dessus, on en menait d'autres sur des chariots. C'étaient ceux là qui excitaient le plus la compassion; ils étaient tout couverts de sang, et assurément on les aurait pris pour des hommes écorchés, tant ils étaient maltraités de blessures.

Il fallait que les blessés se présentassent devant le commissaire pour avoir le billet de leur logement.

---

(1) Cette tache a été effacée par le régiment du roi, qui fit des merveilles en Italie et par les gardes françaises qui firent des actes de valeur incroyables au siège de Philisbourg en 1734.   (*Note du Manuscrit.*)

Ce commissaire demeurait dans la rue des Juifs : on voyait toute cette rue couverte de blessés attendant l'ordre pour savoir où ils iraient coucher. Les deux hôpitaux de Saint-Jean et de Saint-Julien n'étaient pas suffisans pour tant de monde; après les avoir rempli le plus qu'on put, on envoya les autres dans les casernes, jusqu'à ce qu'on eût dressé d'autres hôpitaux pour les loger; on commanda à tous les chirurgiens de la ville de les aller panser. Ce fut alors que le petit barbier qui n'avait pas encore manié la lancette, se croyait chirurgien juré; tout était employé et tout travaillait. Heureux le soldat qui avait quelque peu d'argent pour graisser la main des chirurgiens, car la plupart passaient légèrement, et ne délibéraient pas long tems s'il fallait couper ou non.

On régla à la fin les hôpitaux, on fit venir plusieurs chirurgiens de Paris : on prit la grande salle des Jésuites, où les écoliers représentent ordinairement leurs tragédies, pour y retirer les blessés. (1) La Nef de l'église des Récollets, les Chartrières, la maison de St-Paul, proche le béguinage, St-Jacques de la rue des Rôtisseurs, servirent au même usage. M. de Fénélon retira les chevaux-légers, mousquetaires et autres de la maison du roi dans son séminaire, où

---

(1) C'est dans ce même lieu que bien des années après, et comme pour lui conserver sa tragique destination, le féroce Lebon jouait des drames de sang, bien autrement horribles; c'est de là que son tribunal révolutionnaire envoyait les victimes à l'échafaud. Cette salle est aujourd'hui une étude ou un dortoir de séminaire.

il les fit panser avec une très grande exactitude. Il mourut un si grand nombre de blessés dans tous ces hôpitaux et ailleurs, qu'on peut dire hardiment qu'il en est mort autant sur le lit que sur le champ de bataille.

L'archevêque fut obligé de bénir un endroit sur la Place d'Armes(1) pour servir de sépulture aux soldats morts dans l'hôpital de St-Jean; ce cimetière est proche le Bastion-Robert : ceux qui mouraient dans les autres hôpitaux étaient enterrés à la Porte de Cantimpré auprès de la chapelle qui regarde le grand chemin.

La perte de Mons pour la France suivit la bataille de Malplaquet, elle fut rendue le 20 octobre 1709.

1710. Douai subit le même sort le 27 juin de l'année 1710, Béthune le 31 août, St-Venant le 2 octobre, Aire le 12 novembre.

1711. Bouchain fut pris le 13 septembre 1711, à la vue des armées de France et de Hollande, par Malboroug, général des anglais, lequel fut disgracié, à ce que l'on dit, de la reine d'Angleterre, pour avoir pris cette ville sans ordre. Le quartier du roi était à Paillencourt, et la balance des Hollandais à Avesnes-le-Sec.

Nous sortions très souvent de Cambrai pour aller promener à l'armée de France, et nous allions sur la hauteur des arbres d'Etrun pour voir battre Bou-

---

(1) Il s'agit ici non pas de la place d'armes d'aujourd'hui, que l'on appelait alors *le grand marché*; mais bien de l'espèce de champ de Mars, situé près de la Porte-Robert.

chain : il n'aurait pas été nécessaire d'aller si loin pour voir le feu du siège, car nous le voyions de notre grenier, et nous entendions fort bien le canon de notre chambre.

Pendant que l'armée était ainsi aux portes de Cambrai, un soldat se fit admirer de tout le monde par sa trop grande témérité. C'était une coutume de ce tems-là de monter aux clochers pour voir les deux armées, on y trouvait presque toujours des curieux qui passaient le tems à considérer les démarches de cette grande multitude d'hommes. Ce soldat monta, un matin, au clocher de Notre-Dame ; étant à la galerie et ayant un peu regardé de part et d'autre, il se mit sa cravate devant les yeux, les retenant cependant toujours ouverts. Ceux qui étaient avec lui, ne sachant ce qu'il voulait entreprendre, furent surpris de le voir monter quelques-unes des branches (1) qui sont en dehors de la flèche ; ils lui demandèrent alors ce qu'il allait faire ; celui-ci leur répondit qu'il montait un peu plus haut pour voir les ennemis plus facilement. Il continua toujours à monter jusqu'à ce qu'il arriva enfin à la croix de ce clocher. Il se reposa quelque tems dessus, puis descendit par les branches d'un autre endroit, parce qu'il y en avait eu quelques-unes qui avaient cassé sous lui en montant. Il n'y eut personne qui ne s'at-

---

(1) Il existe un grand nombre de figures de la flèche de Notre-Dame ; presque toutes sont fautives et ne donnent qu'une idée imparfaite des branches élégantes qui ornaient cette magnifique aiguille. On leur donne la forme grossière de dents-de-loup, tandis qu'elles étaient presqu'aussi déliées à leur base qu'à leur extrémité.

tendit de voir tomber ce téméraire, principalement lorsque les pierres se cassèrent sous ses pieds.

Cette action cependant n'est pas sans exemple, car nous trouvons dans les mémoires de cette ville que plusieurs y sont montés de la même façon que ce soldat.

Un vent impétueux avait, quelque temps auparavant, fait tomber l'ange qui sert de girouette à ce clocher. Cet homme se présenta à M. de Fénélon, pour lors archevêque, et se vanta de remettre cet ange en son lieu ordinaire; le sage prélat le rebuta et le reprit très fortement de sa témérité. L'ange fut doré et remis quelque tems après (1) lorsqu'on replâtra cette flèche; il était alors plus facile de parvenir à la croix; il y avait des ourdages ou échafauds depuis le bas jusqu'en haut en dedans de la flèche. On fit ensuite une espèce de galerie en dehors, autour de la croix avec de bonnes balustrades. Sur cette galerie reposait une échelle qui était liée à la croix. Plusieurs y ont monté, et se glorifient d'avoir osé aller baiser la boule de cette croix; d'autres moins hardis se sont contentés de mettre leur nom sur la pierre, dans le lieu le plus élevé.

Au commencement du mois de juillet de l'an 1711, les Français prirent le fort d'Arleux : la garnison, après avoir résisté avec vigueur, se rendit à discrétion. Les Français les dépouillèrent tous nus en représailles de ce que les Hollandais leur avaient fait le même affront et les amenèrent dans la ville au

---

(1). Le 12 juillet, 1719.

commandant, puis ils les ressérèrent dans le Château de Selles. Aussitôt M. de Fénélon et les Etats leur fournirent des habits pour les couvrir. Les Etats de Hollande en écrivirent une lettre de remerciment aux Etats du Cambrésis.

1712. Le duc d'Ormont qui fut envoyé à la place de Malboroug , après avoir assisté au siège du Quesnoy, qui se rendit le 4 juillet, déclara l'ordre qu'il avait de la reine d'Angleterre de retirer ses troupes avec lesquelles il se sépara , les menant à Bruges , Gand et Dunkerque. Peu de temps auparavant, une troupe de pillards anglais mit le feu à l'église du village de Marais, dans laquelle il y avait quatre cents personnes environ, réfugiées avec leurs petits meubles. Elles périrent toutes ou brûlées par le feu, ou étouffées par la fumée. Cela n'empêcha pas les alliés de faire le siège de Landrecies. Villars ayant remarqué la grande distance de cette ville avec leur camp de Denain et Marchiennes, d'où ils tiraient leurs vivres et munitions , fit attaquer Denain qui fut emporté l'épée à la main ; le prince Eugène y était accouru en poste auparavant, et trouva à propos d'en retirer deux régimens de cuirassiers dans la crainte de les perdre. Milord Abelmar , qui y commandait fut fait prisonnier avec ses troupes , excepté une quantité de fuyards qui rompirent sous eux le pont de l'Escaut où ils furent noyés avec le comte Dona, gouverneur de Mons. Cette victoire fut suivie de la reprise de Marchiennes qui arriva le 31 juillet. Les alliés furent obligés de lever le siège de Landrecies le 3 d'août, perdirent Douai le 8 septembre , le Quesnoy où était toute l'artillerie qui avait servi au siège de Landrecies le 4 octobre, et Bouchain le 19 du même mois.

Cette soudaine prospérité des armes Françaises abaissa beaucoup l'ennemi qui ne se promettait rien moins que de pénétrer, après la prise de Landrecies, jusqu'à Paris, et de renverser la superbe statue de la place des Victoires qui tient sous ses pieds les quatre nations enchaînées (1). Ils signèrent à Utrech, la paix avec la France le 11 d'avril 1713. C'est ainsi que finit cette guerre qui désola tout ce pays après avoir duré l'espace de douze ans.

La ville de Cambrai fut heureuse sur la fin de la guerre ; elle vit l'armée de France campée pendant près de trois mois à ses portes, ce qui ne contribua pas peu à l'enrichir : les vivres d'ailleurs n'y étaient pas fort chers, tout venait abondamment de la Picardie; on y amenait même du pain de Gonèze. On vendait sur le marché tout ce que ce pays produit de plus rare et de plus recherché. Ce commerce si fréquent avec les gens de guerre et les étrangers causa un changement considérable dans les mœurs et dans la façon de vivre des bourgeois, principalement du menu peuple.

---

(1) Cette statue n'existe plus : ce que les armées ennemies n'avaient pu faire, des Français ou plutôt des vandales indignes de ce nom, le firent en 1792. Après avoir vu figurer à sa place un grotesque obélisque de bois, puis une tribune aux harangues, puis un colosse obcène et dégoûtant, les parisiens eurent le plaisir de revoir, à la restauration, une nouvelle statue du grand roi remplacer toutes ces stupides et honteuses productions du génie de 93.

1712. Pendant qu'on faisait la solennité de la canonisation de Sainte-Catherine de Boulogne dans la chapelle des clairisses de Cambrai, Robertine Pingrez qui était paralytique depuis plusieurs années, demeurant aux Chartrières, se fit porter en la dite chapelle où elle fut parfaitement guérie. On chanta une grande messe en action de grâce et le *Te Deum*. Cette fille y assista avec un cierge à la main. Sa guérison augmenta la dévotion envers Sainte-Catherine de Boulogne.

1712. Se fit la solennité de la canonisation de St-Félix. Il y eut une fort belle procession ; plusieurs chars de triomphe, plusieurs cavalcades, des sybilles, une compagnie bourgeoise de grenadiers richement habillée, une autre compagnie bourgeoise à cheval, aussi richement vêtue, ayant timballes, trompettes, etc., etc.

1713. Les réjouissances de la paix se firent aux fêtes de la Pentecôte. Il y avait un feu de joie fort élevé sur le milieu du marché. Il était orné d'une quantité de bannières aux armes de France, de l'empereur et de ses alliés : il y en avait quatre autres, aux quatre coins du marché. Le premier était gardé par la garnison; le feu d'artifice qui était posé proche la chapelette était entouré par les grenadiers de Saint-Félix (première compagnie bourgeoise) habillés rouge, veste de tissu d'or ou d'argent. La compagnie bourgeoise à cheval formait le piquet vis-à-vis l'hôtel-de-ville. Les sermens de cette ville, l'espace de plusieurs dimanches, donnèrent des prix d'argent. Ils invitèrent leurs confrères des villes voisines qui vinrent pour tirer ; ils furent reçus avec honneur des sermens de cette ville, et régalés avec beaucoup de dépense. Les sermens étrangers donnèrent à leur tour des prix d'argent; ils y invitèrent aussi nos cambrésiens qui furent reçus avec magnificence, principalement au Quesnoy où un jeune archer, nommé Déhollain remporta le premier prix. C'était une épée à garde d'argent. Ce fut à l'occasion de ces fêtes que nos sermens prirent l'habit uniforme; ils étaient alors tous habillés richement, portant le plumet blanc au chapeau.

1714. On répara cette année avec ardeur les ravages que les armées avaient causés autour de cette ville. De tous les beaux plantis qui étaient dans le faubourg, rien n'avait échappé à la fureur du soldat. Il n'y eut, si je ne me trompe, que les arbres du cimetière de St-Roch qui furent conservés.

La fontaine Notre-Dame avait été toute délabrée, on la rétablit, on lui donna même une forme beaucoup plus belle qu'auparavant. (1)

1715. Mort de Louis XIV. Le 1er septembre 1715, on lui fit un service solennel à Notre-Dame avec chapelle ardente et grande quantité de cierges, puis les paroisses de la ville firent aussi son service successivement.

1715. Messire François de la Motte, Salignac Fénélon, archevêque de Cambrai, mourut le 7 janvier, âgé de 64 ans. Il était précepteur des ducs de Bourgogne, d'Anjou et de Berry, lorsque Louis XIV le

(1) De notre temps, environ un siècle après, on l'a disposée comme elle est aujourd'hui.

nomma à cet archevêché; ce fut en l'an 1695. Il était, au commencement de son épiscopat, homme de cour; le peuple ne pouvait aucunement s'accoutumer à ses manières : c'était la coutume de ce prélat d'interroger ou de faire interroger par les ecclésiastiques de sa suite, les enfans qu'on présentait pour être confirmés. Ces prêtres, qui étaient tous français, au lieu de s'exprimer en termes du pays, faisaient leurs questions en français, ce à quoi les enfans ne pouvant répondre, les cathécistes s'échappaient quelquefois à les traiter d'ignorans. Ce procédé effaroucha fort le peuple, qui, d'ailleurs, n'aimait pas trop les français dans ce temps-là. On regrettait à tous momens monseigneur de Bryas, qui était un seigneur du pays, populaire, accoutumé à notre façon de vivre. Celui-là, au contraire, tout poli et plein d'estime pour la nation française, ne pensait trouver dans son diocèse, que gens stupides et barbares; il ne fut pas long-tems dans ces sentimens, et fut bientôt désabusé par les conférences qu'il eut avec plusieurs savans personnages qui, sous des apparences de simplicité, cachaient un trésor inépuisable de doctrine. M. de Franqueville, doyen de la Métropole, fut toujours le sujet de son admiration; en effet, c'était un prodige de science, un homme de tête, de conseil et très entendu dans toutes sortes d'affaires.

Fénélon, dans les premières années de son épiscopat, mit au jour un livre qu'il avait intitulé *les Maximes des Saints*. Cet ouvrage fut vigoureusement combattu par l'évêque de Meaux (1); il y eut plusieurs savans écrits de part et d'autre, enfin malgré tous les efforts que fit l'archevêque pour soutenir son livre, il ne put éviter la censure de Rome : le pape le condamna le 13 mars 1699. Il n'eut pas plutôt appris la condamnation de son livre, qu'il la publia solennellement. Il donna à l'église de Notre-Dame une remontrance en or fin, de la valeur de quinze mille francs. C'est une figure représentant la foi, qui tient entre ses mains le Saint-Sacrement (2); on porte ordinairement cette remontrance dans

---

(1) Bossuet.

(2) Ce soleil d'or est devenu, il y a quelques années, le sujet de longues controverses. On raconte qu'après la condamnation de son livre par l'église, Fénélon, pour éterniser son repentir et sa soumission, fit don à la métropole de Cambrai de l'ostensoir dont il est ici parlé, lequel représentait une figure allégorique foulant aux pieds le livre des *Maximes des Saints*. Un prêtre, plus connu par ses habitudes mondaines et ses prétentions littéraires que par ses actes religieux, s'avisa de combattre cette opinion accréditée et publia à cet effet, en 1817, des observations qui donnèrent lieu à de nombreuses recherches et à de vives contestations.

Il ne nous appartient pas de décider cette question dans laquelle nous pourrions tout au plus prendre un parti; une chose nous frappe à cet égard, c'est la variété des rapports faits par les nombreuses personnes qui ont décrit l'objet sacré, desquelles plusieurs se disent témoins oculaires et qui toutes du moins avaient dû porter attention à ce qu'elles écrivaient.

Selon les unes, l'ostensoir était un soleil porté par *deux anges* foulant aux pieds plusieurs livres sur l'un desquels on lisait : *Maximes des Saints*; selon les autres, le soleil n'était porté que par une seule figure représentant la *foi voilée*, posant un pied sur les livres de la Bible; selon d'autres, la figure représentait la *religion*; selon d'autres, c'était *Moise*; selon d'autres enfin, c'était un *seul chérubin*; puis mêmes contradictions relativement à l'inscription : ce sont les mots *Biblia sacra*, qu'on a lus au lieu de *Novum testamentum* auxquels on veut substituer : *Maximes des Saints*.

les processions et on l'expose dans la Métropole. Il employa quelque tems après plus heureusement sa plume contre les Jansénistes et principalement contre le père Quesnel qui était à leur tête ; il fit paraître contre les novateurs plusieurs beaux livres qui méritèrent l'approbation de tous les savans.

Vers l'an 1697, ayant été exilé de la cour et renvoyé dans son diocèse, il y exerça avec exactitude toutes les fonctions de son ministère. Jamais ses domestiques ne le virent couché le matin, ils le trouvaient toujours occupé à l'étude. Il rappela le séminaire de Beuvrage et le plaça dans le refuge de Saint-André ; là il formait les jeunes clercs par ses conférences et ses exhortations. Ce zélé pasteur célébrait ordinairement la messe à sept heures dans la chapelle de Notre-Dame de Grâce ; outre les discours qu'il faisait, les jours de grandes fêtes, dans la Métropole, il faisait, tous les dimanches de carême, une instruction dans l'église de St-Nicolas.

Au milieu des doutes qu'élèvent naturellement tant de versions différentes apparaissent comme de graves et imposantes autorités : une lettre de M. de Calonne, ancien chanoine de Cambrai, publiée dans l'*Ami de la Religion et du Roi*, au mois de novembre 1820; une autre lettre d'un abbé A. J. Guiot, curé à Cambrai en 1778, publiée par M. A. Dinaux, dans le tome IV des *Archives du Nord;* enfin un certificat imprimé en 1819 et signé par 23 témoins oculaires. Ces documens affirment l'existence des mots : *Maximes des Saints* sur l'ostensoir d'or; et pourtant en présence de tant de preuves, on ne peut se défendre de donner de l'attention aux raisonnemens adverses publiés en 1817 dans les mémoires de la Société d'émulation de Cambrai.

Le lecteur remarquera que dans le manuscrit que nous publions, il n'est nullement question de cette circonstance importante, et même la valeur du don que d'autres portent à la somme de vingt quatre mille francs, n'est ici portée qu'à quinze mille. Cet objet sacré a disparu à la révolution de 93.

Il était éloquent et rempli d'onction, mais on avait peine à l'entendre à cause qu'il parlait du nez; il était d'une taille assez grande, fort maigre, ayant les yeux noirs et très perçans. Il introduisit en cette ville les sœurs de la charité, (1) et fit éclater sa

---

(1) Il n'est pas vrai de dire que Fénélon introduisit à Cambrai les Sœurs de la Charité : elles y furent appelées de son temps, mais par des négociations purement laïques, et sous l'inspiration d'un besoin vivement senti. Voici l'acte passé à ce sujet entre l'autorité civile et les chefs ecclésiastiques de ces pieuses servantes des pauvres. Ce document nous a paru assez curieux pour être rapporté ici.

1702. Pardevant les notaires royaux de la résidence de Cambray soussignez furent présens en personnes honorables hommes Daniel-François Liévon et Jean-Philippes Desvignes, tous deux licentiez es loix, échevins semainiers et spécialement authorisez par messieurs du magistrat de laditte ville à l'effect du présent traité d'une part, M. Louis Tillot prêtre de la Congrégation de la mission, supérieur du séminaire d'Arras y demeurant comme ayant pouvoir et fondé de procuration spéciale des supérieures et officières de la communauté des filles de la Charité servantes des pauvres malades ètably au faubourg de St-Lazare à Paris, ycelles authorisées de messire Nicolas Perron, supérieur général de la Congrégation de la mission, et supérieur de laditte communauté des filles de la Charité, laditte procuration yci veue passée pardevant Lefebvre et de Villaine, notaires au Chastelet de Paris, en datte du douze de ce mois de juin mil sept cent deux, dont copie authentique est cy jointe collationnée par les notaires soussignez d'autre part, lesquels comparans sont convenus au nom que dessus de faire un établissement de deux filles de la Charité dans laditte ville de Cambray pour l'assistance des pauvres malades et même si elles en sont requises pour l'instruction de la jeunesse, en la manière qui sera cy après déclarée, ont fait et accordé le contract qui s'ensuit :

C'est à savoir les officières présentes et à venir de laditte communauté des filles de la Charité seront tenues et obligées de fournir et tenir toujours à l'avenir deux des filles de laditte com-

magnificence en l'année 1711, lorsque les armées étaient aux environs de Cambrai, en tenant table

munauté en la susditte ville de Cambray, où il leur sera donné incessamment un logement meublé, séparé et commode par lesdits sieurs du magistrat qui promettent et s'obligent de payer par chacun an en deux payements esgaulx la somme de trois cens livres monoye de France pour la nourriture et entretien desdittes deux filles de la Charité, laquelle somme sera prise sur les biens des pauvres de cette ditte ville et payable exactement en payements esgaux par le receveur desdits biens.

Laditte maison exempte de lots et ventes, amortissement, indemnitez et de toutes autres charges ordinaires et extraordinaires aussi bien que le fond et la rente, ou pension de trois cens livres pour l'entretien et subsistance desdittes deux filles de la Charité qui ne seront sujettes à aucune capitation ou autres taxes quelconques.

Ledit établissement fait à condition que lesdittes filles de la Charité s'occuperont suivant leur institut au service et soulagement des pauvres malades de laditte ville.

Elles feront elles-mêmes les saignées en cas qu'il n'y ai point de chirurgien, les cirops, decoctions, ptisannes et infusions se servant des drogues qui leur seront fournis, et l'on les fournira de bois et sel pour les pauvres.

Elles ne s'engageront point au soing des riches, ni de leurs serviteurs et domestiques n'y même des ecclésiastiques s'ils ne sont pauvres et malades, auquel cas de nécessitez elles n'iront jamais seulles chez eux, et ne se mesleront point du tout de leur menasge ny de leurs affaires domestiques.

Elles vivront en particulier dans leur logement, dont les réparations ne seront point à la charge desdittes filles non plus que l'entretien des meubles et ustensils tant pour elles que pour les pauvres.

Elles n'admettront avec elles dans leur logis aucunes filles ou femmes si ce n'est durant une heure de lecture spirituelle qu'elles pourront faire aux filles et femmes avant vespres les jours de festes et dimanches dans une salle et non dans la chambre où elles coucheront.

ouverte pour les officiers. Il se fit aimer et respecter des Français et même des étrangers qui conservèrent

---

Elles seront obligées, si elles en sont requises, de faire les petites écoles aux pauvres petites filles de laditte ville sans y recevoir aucun garson tant petit soit il.

Que s'il arrivoit qu'elles ne pussent vacquer aux petites écoles à cause de la grande quantité des pauvres malades, pour lors elles quitteront les écoles et s'appliqueront uniquement au service des pauvres malades comme étant la fin principale de leur institut.

On laissera vivre lesdittes filles de la Charité dans la pratique des exercices de piété qui leur sont prescrits dans leur communauté.

Elles ne seront point obligées d'aller de nuit assister aucuns malades ny de rendre leurs services qu'à des personnes pauvres et encore moins les femmes dans leurs accouchemens soit qu'elles soient pauvres ou non : néantmoins si lesdittes femmes sont malades on leur donnera la portion comme aux autres pauvres.

Lorsque lesd'ittes filles seront malades, elles seront traitées de médicaments comme les pauvres, et quand quelqu'une d'entre elles décédera, on ne fera aucune pompe funèbre ny autre cérémonie à son enterrement qui se fera par monsieur le curé avec un service pour le repos de son ame, une messe haute et deux messes basses sans payer aucune rétribution de la part des filles.

Pour le spirituel elles seront soubmises à monseigneur l'archevêque et à monsieur le curé comme les autres paroissiens; en sorte néantmoins que ledit sieur supérieur et ses successeurs pourront les visiter et leur assigner sur les lieux un confesseur approuvé de l'ordinaire, les changer et rappeller quand ils le jugeront à propos et envoier d'autres en leur place, et si le changement se fait en faveur de la Charité dudit lieu, soit que les dames officières demandent le changement, ou à cause de la mort survenue auxdittes filles, ou qu'elles soient devenues infirmes, en ce cas laditte Charité payera la dépense du voyage.

Mais si les changements se font pour le bien et à la réquisition de la compagnie desdittes filles de la Charité, les voyages se feront à leurs despens, n'étoit qu'en retirant une desdittes qui aura demeuré l'espace de six ans audit lieu, auquel cas laditte Charité luy payera aussi son voyage.

pendant le tumulte de la guerre, la plus grande partie des biens de l'archevêché. Son étude conti-

---

En outre sera payé la somme de soixante et douze livres monnoye avant ditte pour les premiers habits desdittes deux filles pour cette fois seullement.

A tout quoi lesdits comparans au nom que dessus se sont respectivement obligez satisfaire, entretenir et accomplir soubz l'obligation, etc., renonçants à toutes choses contraires. Fait et passé audit Cambray le vingt-un juin mil sept cens et deux, ainsi signé Tillot, D.-F. Lievou, J.-P. Desvignes, H. Cocqueau nott. et N. Houseau nott. avec paraphes.

Plus bas est

Nous prevost échevins et magistrat de la ville cité et duché de Cambray,

Le grand soulagement que reçoivent tous les jours les pauvres malades de cette ville par les soins de deux filles de la Charité, nous faisant connoître de plus en plus l'utilité de cet établissement, et que pour bien continuer ce même secours dans touts les endroits de la ville sans aucune interruption, une troisième fille de laditte Charité nous seroit nécessaire afin qu'en cas de maladie de l'une d'elles, les deux autres puissent porter leurs soins partout, à quoi il est évident qu'une seule ne peut suffire.

A ces causes nous requerons en faveur desdits pauvres malades les supérieures et officières de la communauté des filles de la Charité, establies au faubourg de St-Lazare à Paris et tous autres à qui il appartient de vouloir bien encore nous envoier l'une des filles de leur ditte communauté, sous l'assurance que nous leur donnons de la recevoir sur le même pied que les deux autres pour lesquelles nous avons contracté, en sorte que cette troisième fille aura pour ses entretien et subsistance cent cincquante livres de pension, et au surplus jouira de tous les mêmes advantages stipulez en faveur desdittes deux autres filles. En tesmoin de quoy nous avons à ces présentes signé de l'un de nos greffiers, fait mettre et apposer le sceel aux causes de laditte ville le 28 juin 1703. Plus bas estoit soubscrit par ordonnance et signé A. Clauwez avec paraphe, et à costé estoit apposé le sceel aux causes de laditte ville en cire verde.

nuelle et sa trop grande application abrégèrent ses jours; il mourut pauvre, sans argent et sans dettes.

Dieu le tira de ce monde lorsqu'il semblait que l'église avait le plus besoin de son appui; car le pape Clément onze, ayant condamné cent et une propositions extraites du livre du père Quesnel, intitulé *Abrégé de la morale de l'Evangile, des actes des Apôtres, des épitres de St-Paul, des épitres canoniques et de l'apocalypse,* ou *pensées chrétiennes sur le texte de ces livres sacrés;* quelques évêques Français, beaucoup de prêtres et même quantité de laïques de l'un et de l'autre sexe, osèrent décrier la constitution de ce souverain pontife, qui commence par ces mots : *unigenitus dei filius,* comme sapant les fondemens de la religion et anéantissant le grand précepte de la charité (1). Nous n'avons pas entendu dire qu'il y eût eu dans le diocèse de Cambrai, aucun de ces sectateurs : nous sommes sans doute redevables de ce fait à la vigilance pastorale de M. de Fénélon.

1716. M. l'abbé d'Estrées, commandeur de l'ordre du Saint-Esprit, fut nommé pour succéder à M. de Fénélon, mais il mourut avant d'avoir obtenu ses bulles de Rome.

---

(1) Tout le monde connaît l'histoire de cette espèce de schisme, qui n'eut d'autre appui que la vanité, le goût pour la nouveauté si prononcé chez les femmes, et les encouragemens de Philippe duc d'Orléans, régent de France. Nous avons cru devoir supprimer ici quelques pages relatives à la querelle des Quenellistes, qui ne nous ont paru avoir aucun trait à l'histoire du pays.

Joseph de la Trémoille, cardinal de l'église romaine, fut subrogé en sa place, mais il ne vint pas à Cambrai, il mourut à Rome en l'année 1720, lorsqu'il était employé pour les affaires du royaume en qualité d'envoyé extraordinaire.

1717, 1718, 1719. Philippe, duc d'Orléans, régent de France, fit gémir, pendant ces années, le royaume qui lui était confié par la trop grande variation des monnaies, et enfin le bouleversa tout-à-fait en y introduisant les billets de banque. Ce système des plus pernicieux, inventé par un certain Law, Anglais de nation, avait été présenté par son auteur au roi d'Espagne et même à Louis XIV; mais ces rois sages, voyant que cette machine ne tendait qu'à ruiner le peuple, méprisèrent son inventeur. Il revint à la charge en France, pendant que Philippe d'Orléans régentait le royaume; ce régent intéressé, qui regardait plutôt son intérêt que celui de son roi, reçut cette invention à pleine main; il ne fallait pas beaucoup la lui expliquer pour lui faire voir que par là il donnerait une saignée universelle à toutes les bourses du royaume.

Louis XIV, étant accablé de guerres en différens endroits, avait augmenté de quelques sols les écus, pour faciliter le paiement de ses armées; le régent en agit bien autrement; il ne fit qu'augmenter et diminuer les espèces : cela se faisait pour donner amorce pour ses billets de banque : enfin, ayant fait monter l'argent à un prix excessif, les écus valant quatre florins, ayant augmenté jusqu'à douze, et ainsi à proportion des autres espèces, il proposa ses billets. Il en fit de cent, de mille et de dix mille francs, puis après de cinquante et de dix francs. Il fit une ordonnance par laquelle il voulait qu'on ne retînt chez soi, en espèces sonnantes, que cinq cents francs, et qu'on fût obligé de porter le surplus de son argent à la monnaie à Lille ou à Paris; que si après un temps qu'il avait limité, on en trouvait chez quelqu'un, cet argent fût confisqué ; il défendait aussi de conserver aucune vieille espèce : il ordonnait qu'elle fût également portée pour être changée en papier. Il promettait dans un décret que les billets de banque resteraient toujours dans leur entier, sans augmenter ni diminuer; voici l'amorce qui attrapa la bourse d'un chacun, car, se disait-on, l'argent est très haut à présent, il ne sera pas plus haut, il diminuera au premier jour; d'ailleurs je ne puis retenir chez moi que cinq cents francs, on viendra visiter ma maison, je serai peut-être surpris, je prendrai donc des billets. Voilà comme raisonnaient la plupart; les autres soupçonnaient que le roi (1) leur paierait à la vérité la valeur de leurs billets, mais que ce serait avec de la plus petite monnaie qui n'aurait pas sa valeur intrinsèque, d'autres ne voulaient pas se fier à ces ruses et aimaient mieux cacher leurs vieilles pistoles que de les donner pour du papier. Ce sont ceux qui ont le mieux réussi. Les premiers dont je viens de parler se sont donc empressés de porter leur trésor ou à Lille ou à Paris. Il y en avait tant qui se présentaient à la fois pour

---

(1) Notez que le roi alors ce n'était pas Louis XV qui n'en portait que le titre, mais bien le régent qui ruinait son pays.

changer leur argent contre des billets, que les financiers n'en ayant pas assez pour fournir, on était obligé de se contenter d'un *recepisse* par lequel ils reconnaissaient avoir reçu tant d'un tel, lui promettant de lui faire tenir ses billets à la première occasion. Enfin, cette monnaie de papier dont on avait tant parlé, arriva, (vers le mois de janvier 1720.)

Après avoir fait un tort sans exemple au pays, cette création reçut le coup de massue, le régent la fit supprimer et tout s'en alla en fumée et fut enseveli avec lui-même qui mourut subitement le deuxième jour de décembre de l'année 1723, triste fin d'une vie débauchée et peu chrétienne.

Son ami Law, qu'il avait élevé aux premières dignités, fut contraint d'abandonner sa fortune et de quitter le pays au plutôt, de peur de porter la peine de son invention. Les fondations pieuses furent fort diminuées par ces billets, et entre autres dans cette ville de Cambrai, les chartrières et les vieux hommes de la maison St-Nicolas.

Je laisse aux historiens Français le soin de décrire avec plus d'étendue, tout ce qui regarde les billets. Personne ne pourrait mieux traiter ce point d'histoire que les agioteurs; ces sortes de gens qui, comme d'autres Bias portaient toutes leurs richesses dans leurs poches, et qui regorgeant de bien, qui n'étaient que de papier, se sont vus à la fin plus pauvres qu'auparavant, pourraient faire voir à la postérité beaucoup plus sciemment la variation et la fin de ces billets. Pour moi, qui n'ai pas eu connaissance d'une infinité d'intrigues et de tours de bâton qui se sont pratiqués dans ce temps-là, je me suis contenté d'exprimer les réflexions qui m'ont été inspirées. Les billets furent l'origine d'une quantité d'injustices, d'usures, de procès; firent mourir plusieurs personnes de chagrin, tournèrent la tête aux autres, ruinèrent beaucoup de bonnes maisons et enfin firent vomir aux impatiens une infinité d'imprécations contre le régent et son ami Law.

1719. Un pauvre allemand qui servait les maçons fut employé à percer un puits dans une maison vis-à-vis le grand portail de St-Nicolas. La terre s'éboula et l'engloutit, on fit rapport de cet accident au magistrat qui ordonna de le déterrer. Comme on le pensait tué, on ne se pressait pas fort à tirer la terre, mais les ouvriers furent bien surpris lorsque, ayant tiré une certaine quantité de terre, ils entendirent la voix de cet homme. Cette nouvelle courut toute la ville et personne ne la voulait croire. Il fut tiré du puits en présence du révérend père de Baumets, jésuite, de M. Blary, chanoine, médecin, etc.; reçut les sacremens et mourut peu d'heures après. Il fut enterré dans le cimetière de Saint-Georges le jour suivant. M. de Mortagne, gentilhomme Allemand, menait le deuil et un grand nombre de bourgeois assistaient à ses funérailles.

1720. Guillaume Dubois succéda dans la chaire archiépiscopale de Cambrai à Joseph de la Trémoille. De fils d'apothicaire de Paris, il devint le premier ministre de France par la faveur de Philippe duc d'Orléans, régent du royaume : ce fut lorsqu'il occupait cette première charge qu'il fut créé archevêque de Cambrai; peu de temps après le pape lui envoya le chapeau de cardinal. Il ne vint pas à Cambrai, mais il mourut à la cour (le 10 d'avril 1723) et eut sa sépulture dans la paroisse de St-Honoré à Paris. Je n'ai rien à dire de lui, si ce n'est qu'il gratifia la ville de Cambrai en la faisant déterminer pour le lieu où se devait tenir le congrès des puissances de toute l'Europe.

Le magistrat ayant reçu cette nouvelle, fit tous les préparatifs nécessaires quelque temps avant que les embassadeurs fussent arrivés. On prépara avec soin dans l'hôtel-de-ville la chambre du congrès où les ambassadeurs devaient tenir leurs séances; on y fit le grand escalier qui se voit aujourd'hui dans la halle. Cette halle servit pour faire la comédie; les comédiens y dressèrent un théâtre magnifique (1). Les intendans de ces excellences vinrent choisir des maisons pour leurs maîtres. M. de Saint-Estevan, embassadeur d'Espagne, se logea dans la superbe maison nouvellement bâtie par M. Jean-Baptiste de Franqueville, rue de l'Epée (2). Le marquis de Beretti-Landi, second embassadeur d'Espagne, prit une maison rue du Charbeuvon (3), appartenant alors au marquis de Beaufremez. Vendisgras, premier embassadeur de l'empereur, demeura dans la rue St-Georges, dans une maison nouvellement

---

(1) C'est, dit-on, la première fois, qu'une troupe de comédie bien organisée, représenta à Cambrai.

(2) Celle qui porte encore le nom d'HOTEL DE FRANQUEVILLE.

(3) Aujourd'hui rue du Séminaire.

édifiée par le comte de Mortagni. Le baron de Pinterider, second embassadeur, fut chez M. Desanges, chanoine de la Métropole, au coin de la rue des Clefs. M. de St-Contest, premier embassadeur de France, alla à St-Aubert; le second, M. de Merville, occupa une belle maison au Marché-aux-Poissons, appartenant au Séminaire. Cet embassadeur fut rappelé quelque temps après, on envoya pour lui succéder M. de Rottembourg, qui prit sa demeure au palais archiépiscopal. M. Provana, embassadeur de Savoie, demeurait dans la rue des Chanoines, occupant deux maisons proches le curé de St-Martin(1). Le premier embassadeur d'Angleterre, milord Polivart, avait son hôtel dans la même rue des Chanoines, presque vis-à-vis de l'embassadeur de Savoie. Le deuxième, milord Wilvot, presque vis-à-vis des Capucins. Les embassadeurs de Portugal, Lanucha et de Tarroska, ne vinrent pas au congrès. Le premier cependant avait retenu pour son logement un beau quartier dans l'abbaye de St-Sépulcre et le second fit construire sur le Marché-au-Bois une maison magnifique pour se distinguer des autres. Elle était toute de sapin, bâtie en marteau, ayant un très beau dôme au milieu du bâtiment (2). Cambrai ne s'était jamais vue habitée par tant de nations différentes; jamais elle n'avait vu tant de magnificence;

---

(1) Ces maisons portent, de notre temps, les n°s 7 et 9.

(2) M. de Tarroska donna cette maison de bois au chapitre de Notre-Dame à charge d'une messe par semaine dans la chapelle de Notre-Dame de Grâce, à perpétuité. On se servit des débris de cette maison pour rebâtir le four chapitre.

ce n'était dans les rues que carosses superbes qui allaient grand train, ce n'était que fêtes, que bals, qu'illuminations, que festins.

M. de Provana donna le bal le premier : il fit dresser une illumination très agréable; c'étaient des chandelles qui couvraient toute la façade de la maison de ville; tout le marché était illuminé par des chandelles qu'il avait fait distribuer à chaque maison, deux fontaines de vin étaient posées sur le balcon de l'Hôtel-de-Ville, et coulaient pour ceux qui étaient assez adroits d'en recevoir le vin sans qu'il fut épanché par la foule qui courait avec empressement pour en boire.

M. de Morville fit une fête à l'occasion de la convalescence du roi de France; il fit aussi une très belle illumination; c'étaient des petites palettes avec du goudron : il y avait au-dessus du balcon de l'Hôtel-de-Ville les mots *Vive le Roi* très bien marqués en illumination. Au-dessus c'était une grande couronne très bien illuminée. On mit également deux fontaines de vin au lieu ordinaire.

M. de St-Estevan fit aussi une réjouissance pour la promesse de l'infante d'Espagne avec le roi de France. Celui-ci surpassait toujours les autres embassadeurs en magnificence. Son illumination était composée de grands flambeaux blancs qui étaient attachés autour des fenêtres de l'Hôtel-de-Ville et qui faisaient de très grandes pyramides sur l'horloge. Il y avait bal et fontaines de vin.

Tous ces bals, ces repas, ces illuminations et autres divertissemens se firent très souvent. C'était toujours à qui aurait soutenu le mieux l'honneur de son roi. Les officiers de la garnison, la noblesse de la ville, s'empressaient de se rendre dignes de ces belles assemblées. Les nobles des villes circonvoisines accouraient à ces fêtes. Plusieurs fois les dames venaient la nuit de Douai et d'ailleurs en carosse, vêtues en habits de masques toutes prêtes à entrer dans le bal. Mais à la fin, plusieurs filles de basse condition se mêlant avec les autres masques, on dit que cela dégoûta ces excellences et les fit abandonner la grande salle de la maison de ville qu'ils avaient choisie pour leurs divertissemens. Ils donnèrent dans la suite des repas chez eux.

Déjà trois années s'étaient écoulées et ces embassadeurs ne donnaient encore aucune marque de travailler à ce pourquoi ils étaient venus. Enfin, le 26 de février de l'année 1724, après trois ans d'attente, tous les plénipotentiaires s'étant rendus à l'Hôtel-de-Ville, chacun dans son carosse, attelé seulement de deux chevaux et accompagné de quatre gentilshommes, deux pages et huit laquais, l'ouverture du congrès se fit avec les formalités usitées. Plusieurs compagnies d'infanterie rangées sous les armes occupaient la partie du marché par où les ministres passèrent. Ils furent reçus à part au bas de l'escalier de l'Hôtel-de-Ville, par MM. de St-Contest et de Rottembourg, embassadeurs de France, qui les introduisirent dans une grande salle préparée pour la tenue de l'assemblée. Depuis cette première séance, ils allaient à l'Hôtel-de-Ville deux fois la semaine sans observer aucune cérémonie. Enfin, après quatre années de résidence à Cambrai, le congrès fut dissout sans qu'on sache s'il fut fait quelque chose de part et d'autre. Leurs excellences firent annoncer leur départ dans la ville au son du tambour, afin que s'il y avait quelqu'un qui aurait quelque réclamation à faire, il pût venir pour en recevoir entière satisfaction. Les anglais partirent les premiers, et M. de St-Estevan, qui était venu le premier, partit le dernier. Ce fut le 5 de juin de l'année 1725.

Pendant leur résidence à Cambrai, personne d'entre eux ne mourut, si ce n'est don Penil : il était secrétaire d'embassade du roi d'Espagne. Il fut enterré dans le chœur de l'église de St-Nicolas avec beaucoup de pompe, et plusieurs cérémonies inconnues dans ce pays.

1723. L'an 1723, la suette, maladie ainsi appelée à cette cause que ceux qui en furent attaqués étaient pendant plusieurs jours tourmentés d'un feu et d'une sueur extraordinaires, donna l'alarme dans cette ville, à Arras, à Lille et ailleurs. On croyait que c'était un avant-coureur de la peste qui, en ce temps, désolait la ville de Marseille et ses environs. Plusieurs personnes moururent dans le commencement de cette maladie, parce que les médecins ordonnaient la saignée ; mais quand on vit que cela était nuisible, on s'en abstint, et on se contenta d'employer quelques sudorifiques. Le remède étant trouvé, il y en eut fort peu qui moururent.

1725, 1726. Depuis le 14 d'août de l'année 1725 jusqu'au 19 de février 1726, la pluie tomba sans presque discontinuer. Les saisons furent tout-à fait dérangées. Il faisait aussi froid au mois d'août qu'il fait ordinairement au mois de novembre; quelquefois la pluie tombait avec tant de violence qu'il semblait que Dieu voulait punir le monde par un second déluge. Cette pluie continuelle nous menaçait d'une famine presque générale, si le Seigneur n'eut détourné le fléau en envoyant quelques beaux jours au commencement de septembre pour faire la récolte des grains. L'archevêque ordonna des prières publiques, on fit plusieurs processions, et pendant tout le mois de septembre, chaque église paroissiale ou régulière avait son jour marqué pour faire exposition du très St-Sacrement.

Le bled a monté jusqu'à 8 florins, mais cela ne fut pas de durée.

1726. Le dix-neuvième jour du mois d'octobre 1726, parut un phénomène qui donna beaucoup de frayeur : le milieu du ciel était comme de feu, des rayons blancs et rouges, semblables à des flammes sortaient de tous les côtés de notre horison et venaient se rejoindre à leur centre avec assez d'impétuosité. Ils paraissaient plus visiblement du côté du soleil couchant; il faisait clair cette nuit comme si la lune avait paru; elle était cependant dans son dernier quartier. Ce phénomène commença vers le soleil couchant, il parut dans toute sa force vers les 9 heures du soir, et continua toujours en diminuant jusqu'à la pointe du jour (1).

Je remarque ceci parce que c'est la première fois

---

(1) Il s'agit ici d'une aurore boréale, phénomène peu connu au temps où fut écrit cet ouvrage.

qu'on a vu ces sortes de choses. Il y a bien de l'apparence que cela arrivera dorainavant, puisque nous l'avons déjà vu deux ou trois fois depuis, mais non pas d'une façon si effrayante que la première fois.

Cette année 1726, vers la mi-août, on donna la dernière main à la perfection du chœur de l'église métropolitaine de Cambrai, en y posant cet autel dont les grandes richesses font l'admiration de tous les spectateurs. On vit avec regret démolir le superbe jubé pour faire place à la grille que l'on voit à présent et qui ne lui est aucunement comparable. Il était tout de marbre, enjolivé de treillis en cuivre; au-dessus se trouvait le grand Christ, accompagné de la Vierge et de Saint-Jean, qu'on a placé depuis au balcon du clocher. Ce jubé était rempli de chandeliers disposés avec industrie, où on allumait quantité de cierges lorsqu'on faisait quelqu'office solennel, ce qui représentait une illumination agréable. La beauté de cet ouvrage aurait dû convier les chanoines à le laisser; ils auraient fait leurs formes où elles étaient auparavant, c'est-à-dire où est à présent l'autel, et ils auraient fait leur grille où sont à présent les formes. C'était le sentiment de beaucoup de personnes bien entendues, mais cet avis n'a pas prévalu, on abattit toutes les murailles du chœur et tous les mausolées qui étaient à l'entour. C'est ici que l'antiquité fit une perte des plus considérables; entre plusieurs pièces rares, le superbe mausolée de Jean de Bourgogne, évêque de Cambrai, fut obligé de subir le même sort que le jubé. C'était un marbre élevé, orné de treillis de cuivre, et de statues qui soutenaient la représentation aussi de cuivre d'un évêque de la grandeur plus qu'ordinaire d'un homme, travaillée avec la dernière délicatesse. Cet ouvrage fut vendu avec le cuivre du jubé. On aurait mis en oubli plusieurs pièces anciennes, si les chanoines n'y avaient pourvu en dressant ces deux marbres qui sont aux deux petits portails du chœur, où l'on voit la liste des évêques et archevêques de Cambrai. On répara tant que l'on put le tort que l'on faisait à la vénérable antiquité, en faisant copier les épitaphes des évêques et autres qui se trouvaient autour du chœur. Vous voyez ces mausolées désignés et mis dans des cadres à l'entrée du chapitre. Le célèbre cardinal Pierre d'Ailly avait eu sa sépulture derrière le maître autel : c'était un caveau formé d'un marbre où il y avait la figure d'un évêque; dessus ce marbre était un autel où l'on disait la messe pendant l'octave de St-Pierre; au-dessus de l'autel était un autre marbre où on voyait ce cardinal présenté par St-Pierre au Seigneur. Cet homme illustre avait encore une autre épitaphe qui regardait la chapelle de Notre-Dame de Grâce : cette représentation fut avec l'autre qui était sous l'autel, mise depuis sous l'image de St-Guillaume, vis-à-vis l'horloge. On conserva aussi entière la mémoire de Maximilien de Berghes, premier archevêque de Cambrai. On le mit sur un autel près de l'horloge. M. de Buisseret trouva sa place à la chapelle qui est vis-à-vis la nouvelle épitaphe de M. de Fénélon; il était avant la démolition de l'ancien chœur, vis-à-vis de la sacristie. Le peuple avait grande vénération pour une image de la vierge qu'on intitulait Notre-Dame de Miséricorde, on la remit dans une chapelle près l'épitaphe de M. de Buisseret. Toutes les choses furent sagement disposées par la plus saine partie des chanoines; ce n'avait pas été l'avis de ceux qui étaient chargés de la construction du nouveau chœur; ils avaient déjà commencé à abattre les images de l'église; mais la beauté de quelques pièces, comme spécialement du St-Sébastien de la Nef, jointe au murmure du peuple et de quelques personnes distinguées, firent échouer leur dessein. Je ne leur saurais passer la furie avec laquelle ils abattirent plusieurs monumens de l'antiquité qui n'auraient diminué en rien la beauté qu'ils voulaient donner à leur église; ils brisèrent plusieurs effigies d'évêques qui ne les gênaient aucunement; ils arrachèrent quantité d'épitaphes de cuivre, ce qui, avec la dépouille du jubé, fut vendu à Paris pour la somme de trente mille livres. Toutes les effigies qui avaient été brisées servirent pour faire les fondations du caveau qui est sous le maître autel, où dorainavant les archevêques seront inhumés. Le cercueil de plomb de M. de Fénélon, et celui de M. de Bryas qui étaient auparavant dans le chœur, y furent transportés avec le corps de Gaspard Nimius.

On effaça avec juste raison deux figures qui servaient de piédestal à deux autres qui sont dans le vestibule qui mène au palais; l'une était appelée par le vulgaire ignorant *le goût* parce qu'elle représentait un homme qui mange une carotte, l'autre s'appelait *l'appétit*, parce que c'était la figure d'un homme qui mange une grosse tranche de pain. Les bonnes gens qui n'avaient pas d'appétit attachaient quelquefois à ces deux figures des chandelles, et leur adressaient des prières. Je fus obligé une fois d'instruire une bonne femme qui s'était chargée de prier St-Goût et St-Appétit pour un malade, et de lui faire connaître que ces statues ridicules n'étaient rien que l'effet d'une fantaisie de sculpteur.

1726. Charles, (1) fils naturel de Philippe, duc d'Orléans, fut pourvu par son père de l'archevêché de Cambrai, après la mort du cardinal Dubois. Il était déjà, quoiqu'âgé seulement de vingt-six ans, évêque de Laon; il ne vint à Cambrai qu'après le congrès fini; ce fut le 19 février de l'an 1726. (Il avait été nommé le 17 d'octobre 1723.) Il fit une entrée solennelle et la noblesse et les bourgeois, tant de Cambrai que du Cateau-Cambrésis, n'oublièrent rien pour contribuer à la magnificence de son entrée. Les trois Sermens de la ville, savoir : les canonniers, les archers et les arbalestriers; une compagnie de grenadiers bourgeois habillés de bleu, leur bonnet couvert de peau d'ours; une cavalcade nombreuse d'écoliers habillés à la romaine; le commandant et l'état-major de la place, allèrent au devant de Son Altesse. Presque tous les abbés réguliers de son diocèse s'y trouvèrent, il reçut les complimens des députés des trois chapitres et de tous les supérieurs des maisons religieuses. Le lendemain, il visita la citadelle avec la même magnificence; le troisième jour, il célébra la messe pontificale dans la métropole et

---

(1) Charles de St-Albin.

distribua une médaille avec son portrait ayant au revers cette inscription : *Sacerdos et Princeps*, à tous ceux qui avaient officié avec lui. Le 25 il prêta le serment à Saint-Géry, selon la coutume ; il avait fait distribuer mille francs aux pauvres lorsqu'il prit possession, il leur fit la même aumône à son entrée quelque temps après.

Il visita les paroisses de Cambrai, présida à quelques chapîtres de ses curés et s'appliqua de toutes ses forces à connaître les affaires de son diocèse et à soutenir les droits de l'archevêché. Il se fit présenter tout aussitôt le catéchisme du diocèse, et y fit changer quelques mots qui n'étaient plus en usage ; il voulut aussi donner à ses ecclésiastiques un bréviaire propre au diocèse de Cambrai, il en choisit un ancien dont on se servait au temps de Pierre d'Ailly, évêque de Cambrai, il le fit imprimer et le proposa à son diocèse. Enfin, poussé par quelques ambitieux qui le voyaient fort enclin à changer les choses, il donna aux chanoines de la métropole, l'habit violet avec les paremens des manches rouges; lui qui tout au plus aurait dû tolérer ce changement s'il se fût introduit de son temps, jeta par ce moyen la plupart des chanoines dans le luxe des habits. Ceux que ni la science ni la vertu ne distinguaient des autres, se firent bientôt remarquer par le changement des habits; mais la plus saine partie ne voulut entendre à aucune innovation. Nul des vicaires généraux ni des anciens ne voulut changer de couleur ; de ceux qui étaient en dignité, je ne trouve que le prévost et l'official qui abandonnèrent l'habit noir.

Les chanoines avaient toujours porté une aumusse
à grande raie, distingués seulement en cela des chapelains de la même église que l'aumusse des chanoines avait le fond blanc avec des raies tirant sur le
noir ; l'aumusse des chapelains, au contraire, avait
le fond roussâtre et les raies aussi tirant sur le noir ;
le seul prévôt avait une aumusse dont le fond était
blanc, marqué de quelque peu d'hermines. L'archevêque accorda aux chanoines (pour accompagner
l'éclat de l'habit violet) la permission de prendre
l'aumusse herminée.

Les chanoines de Saint-Géry, voyant ce changement, se souvinrent d'avoir porté alternativement
autrefois le rouge et le violet, avec le chapître de la
métropolitaine, ce fut, à ce qu'il paraît, d'après quelques anciennes peintures du treizième siècle : ils ré-
solurent donc de changer aussi d'habit et d'aumusse
et députèrent les plus notables de leur corps vers
l'archevêque, pour obtenir son approbation sur ce
changement. Celui-ci l'approuva, et fit donner aussitôt aux députés du chapitre, un acte de son approbation.

A peine l'archevêque avait-il donné cet acte, que
quelques jeunes chanoines de Saint-Géry, abusant
de cette permission, coururent par la ville, revêtus
de cet habit brillant. Leur manière d'agir irrita les
chanoines de la métropole, et suscita la jalousie de
quelques-uns ; ils se plaignirent à l'archevêque que
les chanoines de Saint-Géry étaient plus magnifiques
qu'eux : l'archevêque, sensible à leurs plaintes, ordonna au sieur Meurs, son secrétaire et chanoine de

Saint-Géry, de retirer l'acte qu'il venait de leur accorder, sous le prétexte de l'examiner; mais en effet, pour y apporter une restriction à l'usage qu'on en pourrait faire (1).

Le grand ministre de Saint-Géry avait été le porteur de l'acte susdit, et l'avait rendu à l'archevêque fondé sur l'assurance que le prélat lui avait donnée que rien n'y serait changé quant à la substance, qu'on y ferait seulement une légère addition dont on était convenu le jour précédent; savoir : qu'après les complies, les chanoines de Saint-Géry ne pourraient sortir qu'en habit noir. Mais l'addition qui fut mise au bas de l'acte était bien différente, de celle dont on était convenu la veille. Aussi alarma-t-elle le chapitre et lui fit-elle enfin prendre le parti d'en appeler comme d'abus. Telle est l'origine du fameux procès et la source de la discorde (2).

L'archevêque, en haine de cet appel, projette la visite de l'église de Saint-Géry et du chapitre, pour se faire représenter les délibérations capitulaires, afin de les rayer et biffer s'il le jugeait à propos. Les chanoines font leur très humbles représentations à l'archevêque, lui faisant entendre qu'ils ne peuvent bonnement souffrir sa visite, *lite pendente*; l'arche-

___

(1) Les chanoines de Saint-Géry ne pouvaient plus porter l'habit violet dans d'autres processions que celles qui se faisaient autour de leur église, ni dans les services et funérailles. Cette restriction tendait à ne leur laisser ce brillant costume que dans l'intérieur de l'abbaye, ce qui évidemment ne devait point suffir à leur vanité.

(2) On a généralement peu de détails sur cette affaire scandaleuse qui est ici fort bien expliquée.

vêque marche au-dessus de toutes les représentations, se rend à l'heure indiquée à la porte de Saint-Géry, qu'il trouve fermée. Si jamais le prélat fut surpris et mortifié, ce fut dans cette occasion, aussi travailla-t-il sur le champ à punir l'affront qu'il prétendait avoir reçu, en dressant le procès-verbal que je vais rapporter et qui fera connaître clairement toute la marche de cette pièce.

PROCÈS-VERBAL SUR LA VISITE DE L'ÉGLISE ET DU CHAPITRE DE ST-GÉRY.

L'an 1727, le vendredi premier jour d'août, par-devant nous, archevêque, duc de Cambrai, en notre palais archiépiscopal, est comparu M° Charles-François Bodhain, notre vice-promoteur, assisté de M° Henry Desvigne, avocat fiscal, lequel nous a présenté notre ordonnance rendue à sa requête, le 26 juillet dernier, dûment signifiée aux sieurs prévots, doyen et chapitre de Saint-Géry de cette ville, ainsi qu'il conste du rescrit de l'appariteur Puche, portant préfixion à ce jourd'huy dix heures avant midi, et jours suivans, pour être procédé à la visite canonique de l'église du chapitre dudit Saint-Géry. Avec autre notre ordonnance du jour d'hier pareillement signifiée ce jourd'huy aux dits de Saint-Géry, portant que sans avoir égard au contenu de certains actes signifiés de leur part le jour d'hier, il soit, par nous passé outre à la dite visite aux jour et heure indiqués par notre présente ordonnance, requérant en conséquence que sans pareillement avoir aucun égard à l'acte signifié ce jourd'huy de la part des dits de Saint-Géry, il plût nous transporter en ladite église et au chapître susdit, à l'effet d'icelle, sur quoy nous avons audit vice-promoteur donné acte de ses représentations et déclaré que nous nous transporterions sur le champ à l'effet requis.

Signé François Charles,
arch. duc de Cambray.
Et plus bas par ordonnance,
Marion.

Et ledit jour, à dix heures du matin, nous archevêque, duc de Cambrai, accompagné de ceux de notre vicariat, en présence de notre vice-promoteur, assisté de l'avocat fiscal, nous sommes transportés à la grande porte de l'église de Saint-Géry, où étant, nous l'avons trouvé fermée, et à ladite porte, les sieurs chanoines Gastier, de Lécluse, Meurs et Canaple, qui nous ont dit, par la bouche dudit sieur Meurs, qu'ils sont pénétrés de la plus vive douleur de voir qu'il ne dépend pas d'eux de recevoir avec tout le respect et la soumission convenables la visite par nous indiquée ; que la grande et la petite porte étant fermées, il ne leur est pas possible de nous introduire dans l'église, ni dans le chapître ; qu'ils savent avec quel respect ils doivent se comporter en pareille occasion, et qu'ils sont prêts de nous en donner toutes marque et assurance, nous suppliant de vouloir arrêter et suspendre la juste punition que mériterait la désobéissance de leurs confrères. Après quoi notre vice-promoteur nous a dit que c'est trop marquer la révolte et la désobéissance qu'il convient en pareil cas de réprimer, requerrant à cet effet qu'il nous plût faire faire tout promptement, par l'un de nos appariteurs, les monitions ordinaires et *la dernière, à peine de désobéissance*, tant au grand ministre du chapitre, qu'à la grande porte de ladite église, pour le corps dudit chapitre, à l'exception des quatre chanoines cy-dessus comparans ; et nous avons ordonné que les trois monitions cy-dessus seront faites au domicile dudit grand ministre, à celui du sieur Cartin, ex-grand ministre, à celui du sieur Desplanque, syndic, et à celui du sieur Goblez, ancien chanoine et ancien ex-grand ministre, et ensuite à la grande porte de ladite église où nous sommes pour tout le corps et chapitre ; en conséquence de quoy l'appariteur Boidin nous a dit qu'ensuite de nos ordres il vient de se transporter au domicile dudit sieur Goblez qu'il a sommé, en parlant à sa sœur, de se rendre et soumettre à la visite requise, ayant fait les trois monitions, et la dernière à peine de désobéissance. Nous a été pareillement dit par l'appariteur Le Preux qu'il vient de la maison dudit sieur Desplanque en satisfaction de notre dite ordonnance, et que parlant à la sœur dudit sieur Desplanque, il lui aurait fait pareille sommation et monition, la troisième à peine de désobéissance ; l'appariteur Depery nous a aussi dit qu'il vient de se transporter à la maison dudit sieur Cartin, en satisfaction de notre prédite ordonnance, où ayant sonné trois fois consécutives à la porte, personne ne s'est présenté pour l'ouvrir, et y étant retourné accompagné de l'appariteur Le Preux, il aurait fait à haute et intelligible voix les trois monitions cy-dessus ordonnées et la dernière à peine de désobéissance. Finalement l'appariteur Puche nous a dit que conformément à notre dite ordonnance, il aurait été à la maison du sieur Bouvigny, grand ministre, où étant, il aurait parlé à sa servante, pour l'absence du sieur Bouvigny, à laquelle il aurait déclaré faire audit Bouvigny les trois monitions cy-dessus ordonnées, et la dernière sous peine de désobéissance, laquelle a requis qu'on luy donnast par escrit acte du besoigné dudit appariteur, ce qu'il a fait; et à l'instant l'appariteur Depery a fait à ladite grande porte de l'église à haute et intelligible voix, les mêmes trois monitions, tant pour le corps et chapitre de ladite église que pour chacun d'yceux en particulier, à l'exception des quatre chanoines cy-dessus comparans, et la dernière sous peine de désobéissance. Ce que veu par ledit vice-promoteur qui a pris inspection de ce que dessus, a été par luy conclu, à ce qu'il vous plaise prononcer contre lesdits chanoines et chapitre selon la rigueur de droit, et en conséquence DÉCLARER LEDIT CHAPITRE INTERDIT ; selon droit, déclarer aussi ladite église interdite pour le scandale qui a été donné en nous fermant les portes, et interrompant le service divin, et nous avons aux sieurs Gastier, Meurs, Delécluse et Canaple, chanoines, accordé acte de leur comparution et déclaration, et au vice-promoteur de sa comparution, dire et réquisition ; défaut contre lesdits sieurs prévost, doyen et chapitre de Saint-Géry, non comparans et contumaces, et pour le profit LES AVONS DÉCLARÉS ET DÉCLARONS AVOIR ENCOURU LA CENSURE DE L'INTERDIT, suivant droit; les y déclarons soumis, et soumettons ainsi que leur église, chœur et chapelle d'ycelle, à l'exception de la chapelle destinée aux offices de la paroisse pour le sieur curé seulement et ses paroissiens.

Fait les jour, mois, an et lieu que dessus, ordonnons que les présentes seront lues, publiées et affichées aux portes de ladite église et partout où besoin sera et signifié à qui il appartiendra.

Signé, François-Charles,

archevêque, duc de Cambray,

Par ordonnance, Marion.

Ce coup terrible ébranla toute la ville, scandalisa les simples et fit rire les hérétiques. Cependant l'archevêque retarda son voyage de Paris de quelques jours espérant que les chanoines lui feraient bientôt soumission; mais eux, au contraire, déterminés de plutôt tout perdre que de ne pas se soutenir, députent quelques uns de leurs confrères au conseil du Roi, devant qui ils souhaitaient que l'affaire se décidât, pour y défendre leur cause. Ces députés, quelque temps après leur arrivée à Paris, mirent au jour leur premier factum. Ce factum mérita l'approbation de la plupart des savans, car les plus sensés taxeront toujours l'archevêque d'avoir été trop vite en besogne.

Pendant ce temps de discorde mourut M. Lebouq,

ancien chanoine de Saint-Géry ; les vicaires-généraux lui accordèrent à la vérité la permission de recevoir les sacremens, mais ils défendirent toutes les cérémonies qui s'observent aux sépultures : quatre portefaix le portèrent à St-Fiacre vers les dix heures du soir, accompagné seulement d'un prêtre revêtu de surplis sans étole et sans croix. Ce mauvais traitement fait à un vénérable vieillard qui avait blanchi au service de l'église de Saint-Géry, renouvela l'indignation du public et suscita le chapitre de Saint-Géry à mettre au jour des additions au factum qu'il venait de produire, où il releva le plus vivement qu'il put l'affront fait à la mémoire de leur confrère.

L'archevêque, ou craignant que ce procès contre le chapitre n'eût pas eu toute la réussite qu'il attendait, ou voulant avoir plus facilement gain de cause, tâche par tout moyen de désunir les chanoines. Les vicaires-généraux commencent par attaquer le doyen; un appariteur vient lui signifier que le sieur Mazille, grand-vicaire de l'archevêché, serait bien aise de lui parler au vicariat; celui-ci, sans consulter ses confrères, va aussitôt au rendez-vous. On lui parle, on le presse, on le sollicite à faire sa soumission à l'archevêque : le doyen trop sensible se laisse aller à ces fortes remontrances : il signe sa soumission et on lève sur le champ son interdit.

A peine est-il sorti des mains des vicaires-généraux qu'il ouvre les yeux, qu'il rougit de sa faiblesse, qu'il aperçoit le tort qu'il fait à un chapitre dont il est le chef ; il cherche dans sa douleur les moyens de réparer ce mauvais coup, il se rétracte, fait former acte de sa rétractation, et la présente au vicariat par deux notaires.

Déjà trois mois étaient écoulés, et les offices demeuraient-là, sans être déchargés, lorsque l'archevêque leva l'interdit local par une ordonnance datée du 6 novembre de l'année 1727. Cette ordonnance donnait la permission aux sieurs Couteau (1), Gastier, Fabre, Meurs, Palierne, Delécluse, Canaple, de faire l'office canonial dans l'église première collégiale de Saint-Géry, en conséquence de leur requête présentée à l'archevêque dans laquelle ils assurent qu'ils sont en état, avec les chapelains et autres officiers de bas-chœur, de célébrer l'office, et de remplir autant qu'il est en eux l'intention des fondateurs. Les interdits dressèrent une protestation contre la susdite ordonnance dans laquelle ils requirent un terme de quinze jours pour consulter à Paris. Ce terme étant expiré, on ouvrit l'église et on y fit l'office canonial. Ce fut le 30 de novembre, premier dimanche des Avans; il n'y avait que trois de ces chanoines nommés dans l'ordonnance qui faisaient l'office, car les sieurs Meurs et Delécluse étaient à Paris avec l'archevêque et le sieur Couteau loin de prendre part à la requête en question, se regardait toujours comme interdit. L'archevêque cependant le contraignit à officier le jour de la Fête-Dieu, malgré sa rétractation. On nomme dans ladite ordonnance le sieur Fabre : ce chanoine variable avait lâché le pied dès le lendemain de la portée de l'interdit.

---

(1) Le doyen dont il vient d'être parlé.

Pour ce qui est des chapelains, ils ne voulurent aucunement seconder les trois chanoines, il fallut donc se servir d'un autre expédient; l'archevêque leur donna six séminaristes pour les assister dans la décharge des offices et leur assigna 24 patars par jour qui seraient payés par les chanoines interdits.

Vers le mois d'avril, les interdits et les non-interdits procédèrent chacun de leur côté à la collation du canonicat de M. Lebouq. Les interdits le conférèrent à M. Lestienne, grand vicaire de Saint-Géry, les autres le donnèrent à M. Bodhain, frère du vice-promoteur.

Ces divers incidens, joints à la pocédure de l'official qui tendait à déclarer les interdits forains, (1) les défenses faites aux sieurs Pouillaude et Dursen, chanoines et receveurs des deniers communs du chaptre, de se dégarnir entre les mains des interdits des sommes, grains et autres effets qu'ils avaient reçus, sous peine de prise de corps et d'emprisonnement émurent tellement le chapitre, qu'il mit au jour un factum le plus vif qui fut jamais. Ce factum fut enlevé aussitôt par l'official des mains du sieur Bouvigny, grand ministre, qui l'avait reçu pour le distribuer.

On croyait que quelques propositions piquantes, et même (selon l'interprétation de quelques-uns) menaçantes de la sédition du peuple, inserrées dans cette pièce, n'eut des suites fâcheuses pour le chapitre, il en arriva cependant tout le contraire, car le cardinal de Fleury, premier ministre de France, touché de la trop longue discorde entre le prélat et

---

(1) Forains : *Etrangers, hors l'abbaye.*

les chanoines, députa l'abbé de Valleras, agent du clergé de France, auquel il joignit l'abbé de Salignac Fénélon, chanoine et archi-diacre de la métropole de Cambrai, pour terminer au plutôt ce grand débat. Ces deux députés travaillèrent avec zèle pour l'accommodement de cette affaire.

Ils trouvèrent d'un côté l'archevêque inflexible, requerrant avec rigueur que le chapitre lui demandât pardon, que sa soumission fût insérée dans les archives de Saint-Géry et de Notre-Dame ; de l'autre côté, les chanoines déterminés à tout souffrir plutôt que de faire une telle démarche. On adoucit cependant à la fin des choses, il fut projeté que les chanoines présenteraient une requête à l'archevêque par laquelle ils le prieraient de lever l'interdit, et où il y aurait ces mots : *Monseigneur, si par hasard Votre Altesse a trouvé les portes fermées, nous lui en demandons pardon.*

Les chanoines eurent plusieurs débats avec les députés ; enfin fatigués de porter depuis si long-temps le poids de ce terrible interdit, ils accordèrent de présenter cette requête. Ils furent à l'archevêché le 4 septembre à 7 heures du soir de l'année 1728, présentèrent la susdite requête à l'archevêque qui leva aussitôt l'interdit, leur donnant plusieurs marques de tendresse et d'amitié, protestant que cette affaire lui avait causé beaucoup de chagrin.

Pour ce qui est du reste, il fut bientôt terminé. On résolut premièrement, à la requête des députés, que le canonicat de M. Lebouq resterait au sieur Bodhain, à charge qu'il serait obligé de donner tous les ans une pension de 300 florins au sieur Lestienne. Quant aux frais du procès que les deux partis payeraient les frais par eux engendrés, que les chanoines pourraient prendre le capital de leurs frais sur la fabrique, à charge cependant que chaque chanoine serait obligé de payer tous les ans une somme modique à la susdite fabrique, jusqu'à ce que le tout fût remboursé. Les chanoines non interdits furent compris dans cette charge. Pour ce qui regarde les habits violets, que la chose serait décidée postérieurement.

En effet, peu de temps après cet accommodement, le cardinal de Fleury écrivit au chapitre de Saint-Géry le priant (prière qui valait un ordre) de se conformer à l'usage du temps et de porter dorainavant le noir. Il fit la même prière au chapitre de Notre-Dame qui satisfit aussitôt ainsi que le chapitre de St-Géry au désir du cardinal.

Voilà l'origine, les progrès et la fin de cet interdit qui fit tant de bruit dans le monde et qui sera pour la postérité une époque mémorable de l'histoire de Cambrai.

Le cinquième jour du mois de septembre de la même année 1728, on reprit l'office canonial ordinaire, et quelques jours après on fit à Saint-Géry et à Saint-Fiacre le service de M. Lebouq, ce chanoine si maltraité après sa mort pendant l'interdit.

1727. L'archevêque fait planter des arbres dans les grands chemins. Ces plantis augmenteront considérablement les revenus de ses successeurs.

1728. Vers le mois de mai de l'année 1728, messire Joseph Pouillaude, abbé de St-Aubert, fit achever le clocher ou dôme de son église abbatiale. Cet ouvrage ne laissa pas de donner quelque ornement à la ville de Cambrai, qui d'ailleurs, si nous exceptons la grande pyramide de la métropole, n'a aucun clocher, à présent, qui la relève au dehors. Car le clocher de St-Géry, qui était situé sur le Mont-des-Bœufs, fut obligé de faire place à la citadelle que nous voyons aujourd'hui. C'était en ce temps un beau coup-d'œil pour les étrangers qui arrivaient à Cambrai, que de voir à découvert du côté de l'Orient, la belle église de St-Géry, posée sur cette éminence, et à l'occident l'église métropolitaine avec sa grande pyramide. La ville avait encore dans son centre plusieurs monumens assez considérables, entr'autres le clocher de St-Martin, qui fut démoli jusqu'aux environs des galeries, à cette cause qu'il paraissait n'être plus d'aplomb, et qu'il menaçait ruine du côté d'occident. C'était une pièce singulière, il était bâti en torse et fait à peu près en forme de sceptre. Celui de St-Waast où est à présent l'église de St-Géry, fut réduit en l'état où il est aujourd'hui (1), par le canon du comte de Fuentes, qui, assiégeant Cambrai, était inquiété par quelques fauconneaux (2) que Balagny avait fait placer à son sommet. Plusieurs

---

(1) Le lecteur remarquera qu'il ne s'agit pas ici du clocher de St-Géry actuel, qui était alors St-Aubert ; mais bien du clocher dont les ruines existaient encore il y a trente ans, dans la rue dite de St-Géry.

(2) C'étaient de petits canons qui portaient une balle d'une livre.

croyent que la tour de la Magdeleine fut baissée, parce que de son extrémité on aurait pu voir dans la citadelle.

1729. Le quatrième jour du mois de septembre de l'année 1729, naissance d'un dauphin en France. Cette nouvelle fut annoncée au peuple de Cambrai, le 6 de ce même mois, par le son de toutes les cloches de la ville, et par une nombreuse décharge de canon. Le 18, on dressa sur le marché cinq feux de joie : toute la place était illuminée, et principalement l'hôtel-de-ville, où il y avait les mots : *vive le Dauphin ! vive le Roi ! vive la Reine !* très bien marqués en illumination. On jeta grand nombre de fusées, on fit couler deux fontaines de vin, et chaque paroisse de la ville eut cinquante florins qu'on distribua aux pauvres pour boire à la santé du roi et du dauphin.

1730. M. Delamotte, dénommé abbé de Cantimpré, avait travaillé à donner quelque lustre à cette ancienne abbaye, qui, après avoir fleuri plus de 400 ans, fut ruinée et rasée l'an 1597 à raison des guerres, comme étant trop voisine et dangereuse pour la ville de Cambrai. Elle avait été fondée du temps de Roger de Wavrin, évêque de Cambrai, par un certain prêtre nommé Jean, qui en fut le premier abbé sous l'institut des chanoines réguliers de St-Victor. Les religieux, après la ruine de leur monastère, s'étaient retirés à Belinghem, situé entre les villes d'Halles et de Bruxelles, et leur abbé demeurait ordinairement dans leur refuge à Cambrai. Cette maison, bien loin de se rétablir, diminuait de jour en jour, si bien que dans le prieuré de Belinghem, il n'y avait plus de notre temps que deux religieux qui ne voulurent jamais reconnaître M. Delamotte pour leur dénommé. Celui-ci, homme zélé pour le rétablissement de son abbaye et très bien entendu dans les affaires, avait pris ses arrangemens pour se faire reconnaître, et pour après recevoir quelques religieux qu'il voulait placer dans son refuge de Cambrai; mais la mort le ravit lorsqu'il pensait avoir applani les obstacles qui empêchaient son dessein. M. Pouillaude, abbé de St-Aubert, qui avait toujours assisté l'abbé de Cantimpré dans son entreprise, poursuivit l'affaire et lui fit donner pour successeur M. Dufour, prieur de St-Aubert. Celui-ci, animé du même zèle que son prédécesseur, après avoir été béni par l'évêque d'Arras et reconnu par les deux religieux de Belinghem, travailla avec ardeur au rétablissement du monastère dont il était chargé; mais son refuge ne lui parut pas assez commode, ce qui le détermina à transférer l'abbaye au prieuré de Belinghem. Il y reçut d'abord plusieurs novices, et y appela plusieurs chanoines de St-Aubert pour les former. Ainsi finit pour Cambrai cette célèbre abbaye qui avait été dans son origine le séjour de Thomas de Cantimpré et de plusieurs autres grands personnages (1).

1730. Les carmes déchaussés, ayant été admis à

(1) Plus tard l'abbé Dufour, victime des calomnies de plusieurs de ses religieux et compromis aux yeux de l'archiduchesse gouvernante des Pays-Bas autrichiens, revint avec quelques autres moines, au refuge de Cambrai, où il célébra sa première messe solennelle le jour de Noël 1739.

Cambrai, l'an 1653, sous le bon plaisir de l'archiduc Léopold, et par les grandes instances du comte de Salazar, gouverneur de Cambrai, s'étaient placés premièrement dans la rue des Liniers, puis dans la rue du Cache-Boum (1) et enfin achetèrent quelques maisons dans la rue de la grande chaussée. Ils accommodèrent du mieux qu'ils purent une de ces maisons en forme d'église, bâtirent des lieux réguliers, et par succession de temps achetèrent une grande partie de cette choque contenue depuis un côté de la rue des Bouchers qui mène à l'égout du rempart, jusqu'à leur porte de derrière.

Leur grande assiduité à entendre les confessions leur attira l'estime des bourgeois : la connaissance qu'ils avaient, par ce moyen, des plus riches de la ville, leur donna la confiance de bâtir une nouvelle église; ils firent plusieurs fois la quête par la ville,

---

(1) On disait plus communément rue *du Cachebeuvon;* aujourd'hui du Séminaire. Les éthimologistes se sont exercés sur ce nom et nous ont appris que c'était probablement par la rue du Cachebeuvon, ou Chassebeuvon que l'on chassait les bœufs qui originairement habitaient le Mont-des-Bœufs. Le mot ici écrit: *Cacheboum* semblerait expliquer la chose d'une autre manière ; la terminaison *bou-m* ne représenterait-elle pas l'abréviation de *bovium mons* et dans ce cas Cachebeuvon ne serait-il pas l'altération de Cachebeumont? or comme on disait populairement une Cache ou Cauchée pour une chaussée, Cachebeumont ou *Cauchébeumont* ne signifierait-il pas *chaussée du Mont-des-Bœufs?* C'était en effet le chemin qui conduisait du Mont-des-Bœufs à la grande voie passant par les portes de St-Sépulcre et du Jalle. Sans apporter de plus longs argumens à l'appui de ces réflexions, nous les livrons comme une question à examiner; plus savant que nous le fasse.

et la libéralité de plusieurs les mirent en état d'achever leur entreprise.

1731, 1732. Cette église fut bâtie suivant leur aveu dans une chronique qu'ils exposèrent dans leur sanctuaire, de la libéralité des cambresiens : principalement du sieur Fiévez, pour lors un des plus puissans de Cambrai. Leur provincial en fit la bénédiction le 8 d'octobre de l'an 1730 et la dédia à Saint-Joseph.

L'archevêque de Cambrai prétendit aussitôt que le provincial avait donné atteinte à l'ordre épiscopal, en bénissant la nouvelle église sans sa permission. Celui-ci, au contraire, se fondant sur quelques priviléges qu'il prétendait être accordés à son ordre, croyait être en pouvoir de bénir son église sans la participation de l'ordinaire; l'archevêque, pour faire connaître aux pères Carmes son ressentiment, ne voulut pas, lorsque leur pouvoir de prêcher et de confesser fut expiré, leur en accorder un nouveau. Ce refus les fit parler un peu trop librement ; enfin, voyant qu'ils soutenaient toujours opiniâtrément leurs priviléges, il fit fermer leur église, avec défense à tous ses diocésains d'y entendre l'office divin. Ce fut le 9 d'avril de l'an 1732.

Cette querelle dura jusqu'au 23 de juin de l'an 1734. Les Carmes, ennuyés de se voir ainsi sans pouvoir ni confesser ni prêcher, après plusieurs allées et venues vers l'archevêque, furent obligés de renoncer par écrit à leurs priviléges, et leur église fut ouverte le jour susdit, qui était en cette année la veille de la Fête-Dieu.

1733. Le 10 d'octobre 1733, le roi de France déclara la guerre contre l'empereur qui s'opposait au rétablissement du roi Stanislas sur le trône de Pologne. Sa Majesté fit lever par toute l'étendue du royaume le dixième denier sur les biens immeubles. Les états du Cambresis s'abonnèrent pour la somme de soixante mille francs.

1735. Vers le quinzième jour du mois de juillet, parut si grand nombre de chenilles, qu'elles ravagèrent tous les foins des champs, pois, fèves, etc., en peu de jours. Quand elles avaient mangé d'un côté et qu'il ne restait plus rien dans un endroit, on les voyait marcher en grosses bandes vers un autre lieu. On craignit pour les grains, elles y allèrent en effet, mais elles ne mangèrent que les herbes qui étaient dedans, et puis, vers la fin du mois, elles crevèrent. On remarqua qu'elles étaient différentes des chenilles communes; il y en avait de vertes, de noires et de rayées de noir et de vert : elles avaient la tête dure, elles n'avaient que huit ou douze pattes, quatre ou six pattes par devant et autant par derrière, par le moyen desquelles elles s'élançaient de plante en plante d'une manière particulière.

1736. Le magistrat de cette ville de Cambrai avait fait démolir, vers le mois de septembre de l'an 1732, ce qui restait de la flèche ancienne et les galeries du clocher de l'église de St-Martin, parce qu'il en était tombé plusieurs pierres, et que le reste menaçait ruine. Enfin, le 10 d'avril 1736, on commença à réparer le clocher tel qu'il se voit aujourd'hui : il fut achevé sans aucun malheur vers la Toussaint de la même année, on n'épargna rien pour lui donner une belle figure. Ceux cependant qui ont vu la flèche ancienne, peuvent dire avec vérité que celui-ci est inférieur en beauté au premier. La cloche qui répète les heures ne pouvait pas sonner à volée lorsqu'elle était dans l'ancien clocher, on l'a tellement disposée dans celui-ci, qu'elle sonnera à volée quelques fois pendant l'année (5).

1737. Depuis la paix de l'an 1713, les fermiers généraux, pour attirer les étrangers à Cambrai et faire valoir la maltotte, ajouterent à la procession qui se faisait le jour de l'assomption de la Vierge, plusieurs chars de triomphe, et les chanoines, pour seconder le zele du peuple firent le tour de cette procession plus grand qu'à l'ordinaire.

La premiere année, cette procession ne fut pas fort réguliere, on peut même dire qu'il s'y trouvait du ridicule : un char de triomphe représentait le clocher de l'hôtel-de-ville avec son Martin de Cambrai; deux hommes étaient aux deux côtés d'une cloche assez pesante posée sur un petit clocher qui imitait celui de l'hôtel-de-ville; ils étaient habillés à peu près comme ces deux statues que l'on appelle Martin et Martine, et avaient chacun un marteau à la main dont ils frappaient de temps en temps leur cloche. Rien de plus ridicule que cette représentation.

---

(5) Cette cloche cassée le 4 mars 1562, refondue le 20 octobre 1563 dans la grange de l'Hôtel St-Paul et replacée au clocher le 26 du même mois, pèse 11,235 livres et 1|2, le battant pèse 244 livres.

Un autre char représentait la tour de Babel; cette tour était fort grosse et fort pesante, ayant d'espace en espace plusieurs personnages qui représentaient les travailleurs, elle avait à son sommet un roi, le sceptre à la main; c'était encore fort mal inventé.

Ces deux machines étaient si larges et si pesantes, qu'elles eurent bien de la peine à passer près de l'église Sainte-Croix et de la chapelle Sainte-Anne. Les autres chars et le reste de la procession étaient assez bien imaginés; mais dans la suite, cette procession fut tellement perfectionnée, qu'elle fut jugée par les étrangers même, la plus belle du Pays-Bas. Vers les neuf heures du soir, il y avait un feu d'artifice de belle invention. La procession attirait tous les ans une foule innombrable d'étrangers. Vers l'an 1732. l'intendant fit supprimer le feu d'artifice et en destina la dépense à la réparation du clocher de St-Martin et l'année 1737 il fit cesser tout-à-fait cette magnifique procession, disant que les fermes y faisaient trop de dépense. Ainsi les chanoines de Notre-Dame avec le reste du clergé firent la procession comme on avait coutume de faire avant ces représentations.

1739. La nuit du 15 de janvier, il fit un vent très impétueux, qui, vers une heure de nuit, arracha le chapiteau d'une des petites pyramides qui sont autour de la galerie du clocher de l'église Notre-Dame; cette pyramide est posée sur l'angle qui regarde l'église de Sainte-Croix; le chapiteau était d'une seule pierre, haute de 5 à 6 pieds, enclavée sur sa base par une barre de fer qui la perçait par le milieu. Le vent a eu la force de le détacher de la barre de fer, de le soulever et de le faire tomber sur le toit de la Nef. Cette pierre brisa le toit, y fit un trou immense et tomba sur la voûte.

1739. Le 16 du mois de juin, la paix entre le roi de France et l'empire fut publiée à l'Hôtel-de-Ville et par les carrefours de Cambrai, au son des timballes, trompettes, tambours et haut-bois, et le dimanche, 14 du même mois, la ville fit un feu de joie de sept étages ; tout le marché était illuminé et principalement la façade de l'Hôtel-de-Ville. Le portrait du roi était au-dessus la bretèque (1) sous laquelle il y avait les mots *Vive le Roi!* en illumination. On tira le canon avec plusieurs décharges de mousqueterie. Le roi avait entrepris cette guerre pour remettre le roi Stanislas son beau père sur le trône de Pologne ; par la paix le roi Auguste demeura paisible possesseur de la Pologne ; le roi Stanislas a eu par concession du duc de Lorraine le duché de Lorraine qui, après sa mort, sera réuni à la couronne de France.

Le roi Stanislas passa par Cambrai : on orna les rues de son passage, de branches d'arbres et de tapisseries.

Au commencement du mois de décembre, vers minuit, les charbons du foyer qui est dans la première sacristie de l'église de Notre-Dame, brulèrent le banc où l'on s'asseoit pour se chauffer ; le feu gagna bientôt la boiserie, et aurait consumé tout ce

---

(1) Bretesche, créneaux, balcon.

qu'il aurait rencontré si le sacristain qui couche dans une chambre voisine n'eût été réveillé par le pétillement des flammes et la grande fumée. Il descendit à la hâte, appelant ceux qui couchent dans les autres endroits de l'église, qui, tous ensemble, firent cesser cet incendie. Les argenteries qui servent ordinairement pour le chœur et qui étaient enfermées dans les armoires de la boiserie, furent altérées par le feu, quelques vaisselles furent fondues.

On ne trouvait plus une croix d'argent où il y avait une pièce de la vraie croix de Notre Seigneur enchâssée; cette perte aurait été irréparable, on chercha jusqu'au lendemain cette croix qui fut enfin trouvée dans les charbons éteints et dans les débris de la boiserie, tout entière, sans être endommagée; la parcelle de la vraie croix fut aussi trouvée sans altération, ce qu'on croit n'être pas arrivé sans miracle.

1739. Sur la fin de cette année est mort monsieur de Laterade, diacre, il était gentilhomme natif de cette ville, maître d'un grand bien; il en prenait à peine son nécessaire et distribuait le reste aux pauvres. Les ayant tant aimé durant sa vie, il voulut les imiter après sa mort; il fut enterré à Saint-Fiacre, à l'entrée du cimetière à droite, comme on enterre les plus pauvres.

1740. La gelée commença le 6 de janvier, en même jour que celle de 1709, elle dura jusqu'au 9 de mars et ne fut pas moins rude, ni moins opiniâtre que l'autre; on a même remarqué qu'elle la surpassa pendant quelques jours, principalement le samedi

9 de janvier, le dimanche et le lundi suivans. Il y eut partout beaucoup de misère; pour y remédier, on distribua dans cette ville beaucoup de blé et de grosses sommes d'argent aux pauvres. Le chapitre de Notre-Dame donna, dans le commencement de la gelée, deux cents mencauds de blé, et deux autres cents sur la fin. L'archevêque fit donner toutes les semaines, depuis le mois de février jusqu'à Pâques, à chaque paroisse de Cambrai, 20 mencauds de blé et 50 florins; la reine de France fit distribuer par les échevins de la ville, douze cents florins, l'abbé de St-Sépulcre et plusieurs autres firent aussi de grandes aumônes.

Voici les plus hauts prix des denrées en 1740 :

L'orge de mars, dans le temps de la semaison, a valu 24 florins la rasière; la pamelle, 19 florins la même mesure; le blé, 12 florins le mencaud; le soucrion, 8 florins la rasière; l'avoine, 4 florins; le beurre, 14 patars la livre; les œufs, 10 patars le quartron; la viande, 7 patars la livre; le pain, 8 patars. L'huile de lampe, 9 patars la livre; une couple de pigeons, 12 patars. La bierre, 4 patars et 4 doubles.

L'archevêque, considérant la détresse commune, donna dispense du maigre pendant le carême. Ce digne prélat, toujours attentif à soulager la misère du peuple, continua, depuis les Pâques, de faire de grosses aumônes en pain, que les pauvres allaient chercher avec un billet de leur pasteur, au four chapitre, jusqu'à son départ pour Paris, qui eut lieu vers le commencement d'août.

Les monastères de la ville donnèrent, vers le mois de mars, la soupe aux pauvres certains jours de la semaine, jusqu'au mois d'août. On la donnait aussi à l'Hôtel-de-Ville. Celle de Saint-Aubert était la meilleure, selon le dire des pauvres, et celle de Prémy la plus mince.

Au mois de décembre, après une recherche exacte, on trouva en cette ville 1900 familles, faisant le nombre d'environ 8000 pauvres, sans compter les honteux. L'archevêque, désirant encore les secourir, donna, depuis le mois de janvier de l'an 1741, jusqu'au 1er du mois d'avril, cent escus par semaine. Le chapitre de Notre-Dame donna aussi cent escus par semaine ; l'abbaye de St-Aubert, cinquante florins ; celle de St-Sépulcre, aussi cinquante florins ; le chapitre de St-Géry et les autres couvents à proportion ; si bien que les curés distribuaient aux pauvres de la ville, depuis le 1er de janvier jusqu'au 1e d'avril, plus de trois cents escus par semaine.

On a fait, pendant cette année 1740 et l'année 1741, plusieurs réglemens de police.

I. Le 18 du mois de juillet 1740, on commença à faire la garde dans les villages ; cinq hommes jour et nuit étaient de garde. Ce n'était pas sans raison, car la campagne commençait à se remplir de voleurs. Après la moisson, il n'y avait plus que trois hommes depuis une heure devant le soleil couché, jusqu'à une heure après le soleil levé.

II. Dans le même mois, on ne vendait plus de blé aux paysans sans le billet de leur pasteur, signé du maire, qui devait marquer le nombre des personnes dont leur famille était composée et leurs besoins.

III. Le 3 d'octobre, le magistrat fit défense de faire du pain mollé, pain blanc, gâteau, tartes, échaudés, poudre à poudrer les cheveux, etc.

IV. Le magistrat, après que le grain de ce pays fut enlevé par les Hollandais et autres, fit acheter à Gand 1200 mencauds de seigle, pour vendre sur le marché. Le peuple le méprisa au commencement, parce qu'il y en avait beaucoup de pourri : il y eut presse peu après à l'acheter. Il se vendait 4 florins 16 patars le mencaud.

V. Vers le mois de juillet, le roi fit border de troupes les frontières du côté de Tournay, Quevrain, etc., qui font aujourd'hui les limites du royaume de France; cette mesure fut prise pour empêcher le passage des grains à l'étranger.

VI. Le magistrat de cette ville acheta grande quantité de blé à 8 et 9 florins le mencaud, qu'il mit dans des greniers pour le vendre en son temps. Ce projet eut son utilité, parce qu'il empêchait la hausse du blé sur le marché, à cause qu'on était toujours en état d'en fournir lorsqu'il n'y en avait pas.

VII. Le roi déchargea de tous droits et impôts ceux qui amèneraient du grain dans le royaume de France.

VIII. Ordonnance aux collateurs de payer aux curés leurs gros en nature.

IX. Les états du Cambrésis défendirent de transporter du grain hors de la dite province, sous peine de 1000 livres d'amende et de confiscation du grain.

X. Le parlement de Douay régla les rendages un tiers en nature, le reste en argent, savoir : 4 florins 16 patars au lieu du mencaud de blé.

XI. Au commencement de l'an 1741, le magistrat défendit de mendier après le soleil couché. Avant cette défense, les pauvres, principalement les honteux, mendiaient jusqu'à deux heures de nuit, ce qui occasionnait quelques fois des vols et empêchait la sûreté de la ville.

XII. Défense à tous étrangers de mendier dans la ville.

XIII. Pour distinguer les vrais pauvres, après en avoir fait une recherche exacte dans les paroisses, le magistrat leur donna une plaque de plomb ayant les armes de la ville pour mettre sur leurs habits. Ceux là seuls avaient la permission de mendier.

XIV. Défense d'abandonner ses enfans sous peine de punition exemplaire. Ce cas n'arrivait que trop souvent et la maison des pauvres du Marché-aux-Poissons était rempli d'enfans abandonnés.

XV. Les Etats du Cambrésis firent distribuer aux pauvres de la campagne, du riz à proportion de ceux de chaque communauté.

Toutes ces précautions ne firent pas beaucoup diminuer la disette qui fut grande jusqu'à la moisson de l'an 1741, les vivres ne furent pas moins chers que la première année.

1741. Le 13 juin, le duc de Chartres, fils du duc d'Orléans premier prince du sang, fit son entrée à Cambrai vers les huit heures et demie du soir : il était accompagné du duc de Bouflers, du duc d'Asfelds, de l'intendant de Valenciennes et de beaucoup de noblesse. Il entra par la porte de Notre-Dame; la cavalerie alla au devant de lui jusqu'à Escaudœuvres; l'infanterie bordait son passage depuis la porte de Notre-Dame jusqu'à l'archevêché. Les rues par où il passa étaient couvertes de sable, il était à cheval, ainsi que les seigneurs de sa suite. L'archevêque le reçut dans son palais; il fut complimenté par les trois chapitres et les religieux de la ville. Le magistrat lui présenta les vins : il resta dans cette ville depuis le mardi jusqu'au jeudi. Le mercredi il entendit la messe dans le chœur de Notre-Dame; le chapitre le reçut à l'entrée de la grande porte qui est sous le clocher.

L'archevêque n'oublia rien pour le régaler pendant son séjour à Cambrai. Tout ce qui se trouva de plus rare et de plus recherché fut employé pour ces repas dont la magnificence coûta quarante ou cinquante mille francs. Les soldats de la garde et toute la suite de ce duc furent nourris aux dépens de l'archevêque.

1741. 1742. Depuis l'an 1741 jusqu'en 1742, la mortalité dépeupla beaucoup les villes de Cambrai, Lille, Douai, Valenciennes, Arras et plusieurs villages du pays. Il est mort à Cambrai 1200 personnes environ.

1742. En ce temps fut éteint le serment des souffleurs, sous le titre de Saint-Robert; c'était un serment ancien et singulier : ses confrères tiraient l'oiseau le jour de mai dans le marais avec de grandes soufflèttes (1) et faisaient leurs exercices avec les mêmes machines les dimanches suivans dans le waréchet qui est derrière l'église de la Magdelaine, en tirant au but avec des petites flèches dont le bout était armé d'une pointe de fer.

1743. Au mois de juin 1738, M. Mazile, doyen de Notre-Dame (2) mit la première pierre au bâtiment des clairisses, au nom et en la place de monseigneur de Cambrai, et le dimanche 30 de juin 1743, ce bâtiment était habitable. L'archevêque, vêtu pontificalement, a béni les lieux réguliers et l'oratoire, puis est allé au cloître ancien, a fait sortir les clairisses précédées de leur croix portée par une des sœurs, les a introduites dans leur nouvel oratoire où elles ont entendu la messe au milieu de leurs parens et des plus notables de la ville. L'archevêque leur a donné cinquante escus par an sa vie durante. Leur chapelle a été achevée et bénite sur la fin de septembre de l'an 1752.

1744. Dans le mois de février de l'an 1744, une comète parut du côté d'occident, sa queue s'étendait vers l'orient, puis elle se tourna du côté du septentrion; elle augmenta de plus en plus depuis le 10 février, jusqu'au 25 du même mois, époque où elle ne fut plus visible. Ayant paru d'abord aussitôt

---

(1) Des sarbacanes.
(2) Adrien-François Mazile, natif de Cambrai, doyen de Notre-Dame et vicaire général de l'archevêché, fut de son temps le plus grand génie et le plus profond théologien du diocèse. Il mourut le 16 octobre 1741, aussi estimé pour ses vertus que pour son érudition.

après le soleil couché, elle finit par n'être plus remarquable que vers le matin.

1744. La guerre en Flandre. Première campagne. — Après que la guerre eut ravagé la Bohême et la Bavière, l'espace de deux ans; après que l'armée de France, composée de la plus belle jeunesse et de la mieux disciplinée qui fut depuis longtemps, eut été presque toute perdue non tant par l'épée que par la faim, le froid et la fatigue, le roi déclara la guerre au roi d'Angleterre et à la reine de Hongrie. Au commencement de la campagne de 1744, il vint à Cambrai.

Le 4 du mois de mai, Sa Majesté arriva dans cette ville vers midi : on sonna toutes les cloches et on fit plusieurs décharges de tout le canon; le magistrat en robe, accompagné des trois sermens de la ville, sortit de la porte de Saint-Sépulcre, et lui présenta les clefs; elles étaient argentées, ornées d'un beau ruban, et portées dans un bassin de vermeil. M. Dupuis, conseiller pensionnaire, fit le compliment; on avait mis du sable dans les rues de son passage, qui étaient bordées des troupes de la garnison et de celles cantonnées dans les villages voisins de Cambrai. M. de Bouflers, gouverneur de Lille, précédait Sa Majesté dans un carosse à six chevaux, le roi suivait dans un autre carosse attelé de chevaux de poste, ayant un de ses princes à son côté droit et deux autres seigneurs sur le devant; il était précédé et suivi des troupes de sa maison; c'est ainsi qu'il vint à l'église de Notre-Dame. Il entra dans la cour de l'archevêché où le régiment de la couronne était rangé en bataille. Les Etats du Cambrésis lui firent le compliment près des escaliers de la grande porte qui est sous le clocher; M. Lemoine, grand ministre de Notre-Dame, porta la parole. L'archevêque, ayant la chape et la mitre, portant la crosse à la main, accompagné de l'abbé de Saint-Aubert à la tête de son clergé, portant aussi la chape, l'attendait sous le clocher. Là, lui ayant présenté l'eau bénite et lui ayant donné la croix à baiser, il lui fit une harangue; puis le conduisit au chœur qui était tout illuminé, et où la musique chanta l'*exaudiat* en faux bourdon.

Après la prière, le roi ayant visité l'image miraculeuse de la vierge, sortit de l'église par le grand portail où il fut conduit avec les mêmes cérémonies qu'à son arrivée.

Il partit par la porte de Valenciennes où était encore le magistrat avec les trois sermens qui crièrent avec le peuple : *Vive le Roi* ! Il y eut quatre soldats brûlés de la poudre qu'un d'entre eux mettait dans un canon qui n'avait pas été rafraîchi. Deux de ces malheureux moururent à l'hôpital de St-Jean.

Pendant que les troupes étaient cantonnées dans les villages voisins de Cambrai, l'archevêque tenait table ouverte; il s'y trouva quelquefois plus de cent personnes, tant officiers que mousquetaires, chevaux-légers et autres de la maison du roi. Aussi, Sa Majesté lui dit: Monsieur, vous avez fait bonne chère à mes officiers: Sire, répondit l'archevêque, tout ce que j'ai, je le tiens de Votre Majesté. Ces dépenses extraordinaires et les autres que l'archevêque fit dans la suite, le dérangèrent dès cette première campagne. Quelques flatteurs lui conseillèrent, pour continuer cette magnificence, de donner son bien en admodiation(1). L'archevêque avait peine à s'y résoudre; on lui représenta qu'il était maître de son bien : il signa à la fin le contrat par lequel les admodiateurs, outre une grosse somme qu'ils lui donnèrent aussitôt, s'obligèrent de lui fournir 6,000 fr. toutes les semaines, l'espace de neuf ans.

Le roi étant à Valenciennes, fut parrain au fils d'un orfèvre nommé Le Juste. Le duc de Boufflers tint cet enfant sur les fonds de baptême, au nom de Sa Majesté, avec la comtesse de Serney. L'enfant fut nommé Louis, son nom de famille était Le Juste, il s'appelait donc Louis Le Juste, surnom de Louis XIII.

Le roi, après avoir visité ses frontières, fit son premier camp à Cisoin. Il y fit venir quarante mille pioniers et sept mille chariots qu'il tint assez long-temps, ce qui obéra le Cambrésis et quelques autres provinces qui manquaient de chevaux pour la culture. Il fit ensuite le siège de Menin en personne ; on entendait le canon de ce siège, des environs de Cambrai. Cette forte place se rendit le 4 de juin après avoir été battue l'espace de quatre jours : le roi la fit démolir peu de temps après.

Le 14 du même mois, on fit un feu de joie à Cambrai pour la prise de cette place : l'archevêque y mit le feu; il était accompagné des principaux de ses chanoines, suivi de quatorze laïcs, puis il soupa avec le magistrat et sa suite dans la chambre verte.

---

(1) A ferme.

Le 5 de juillet on fit un feu de joie pour la prise de la ville d'Ypres. On entendait aussi le canon de ce siège des environs de Cambrai.

Et le 22 de juillet il y eut un autre feu de joie pour la reddition de Furnes.

Pendant que le roi de France prospérait en Flandre, le prince Charles de Lorraine, généralissime de la reine de Hongrie, passa le Rhin; ce qui obligea Sa Majesté de marcher vers l'Allemagne avec les meilleures troupes qu'il détacha de l'armée de Flandre.

Sa Majesté avait été dangereusement malade à Metz. A l'occasion de sa convalescence, le magistrat de Cambrai fit chanter le 26 d'août, de son propre mouvement, le *Te Deum* dans l'église de Saint-Martin.

Et le 13 de septembre se fit un feu de joie magnifique pour la même cause. On sonna toutes les cloches de la ville, depuis midi jusqu'à une heure. Le soir, la façade de l'Hôtel-de-Ville et tout le marché étaient illuminés; le marché au bois et toutes les rues voisines de la grande place l'étaient également; il y eut ce jour là grande réjouissance à Cambrai.

Vers le mois de juin, l'archevêque fit sortir les séminaristes de son séminaire de Beuvrage où ils auraient pu être inquiétés par les courses des hussards. Il fit démeubler le séminaire et assigna aux ordinans trois endroits à Douay pour y faire leurs séminaires, savoir : celui des évêques, celui du roi, et celui de Hennin.

En cette même année 1744, il y eut une grande

mortalité dans les vaches, il y eut quantité de villages dans lesquels il n'en resta pas. Cette contagion fit moins de ravage dans ce pays qu'en Flandre et ailleurs.

Charles de Saint-Albin, archevêque de Cambrai, donna cette année au public une riche bibliothèque qu'il mit en dépôt dans le collége des jésuites. (1) Il y entretint un bibliothécaire, qui est le révérend père

---

(1) A cette bibliothèque déjà riche et volumineuse, on joignit à l'époque de la révolution, un grand nombre de belles bibliothèques particulières, confisquées par la loi du plus fort sur une foule de communautés religieuses et de personnes lettrées. On trouve dans le catalogue des manuscrits de la bibliothèque de Cambrai la liste de ces dépouilles dont voici un extrait.

Livres provenant de l'abbaye de Vaucelles, du chapitre métropolitain, des Guillelmites-les-Walincourt, des abbayes de Saint Aubert, de Saint-Sepulcre, de Saint-André du Cateau et des Récolets de la même ville; des Carmes de Cambrai, de l'abbaye d'Honnecourt; des Capucins de Cambrai, de l'archevêché; des Récollets de Cambrai; de la maison des bénédictines anglaises de Cambrai et des Sœurs de la Charité; de MM. Ragayez prêtre, Parigot de Santenay, de Prémont, Kennedy, Griffin, Dautteville, Ronse, Forrière, Wuiart, Renaux, Beaucourt, Dinaux, de Besselaer, de Bruyas, Massart, Mairesse de Pronville, Lelièvre, Despreux, de Valicourt, Lancelle, l'abbé de Biré, Dufour, Chardon, Tranchant, Laplace, de Villavicencio, de Monaldy, Tahon, Delabre, Lion, de Dion, Demont, Rallez, Oudart, Déhé, Parise, Quarrez, Couvet, Taise, Thobois, de Maugré, Lallier, Carondelet de Bantouzel, Godefroy, Herlem, Dron, de Franqueville, Deloffre, Colpart, Richard, Depreux, de Chauny, Derbaix, Bourlier, d'Herbaise, Cordier, de Carondelet, Delaunoi, Lebel, Dehannain, Bouly de Lesdain, Maulret, Martin, Goulard, et d'une quantité de paroisses.

Plus tard, une très petite partie de ces livres fut restituée, le reste forme la bibliothèque d'aujourd'hui.

Lefebvre, jésuite, un sous-bibliothécaire, qui est un ecclésiastique, et un valet pour la bibliothèque.

1745. Deuxième campagne en Flandre. — Le 7 de mai de l'an 1745, vers les 5 heures après midi, le roi de France, accompagné du dauphin et de plusieurs grands seigneurs de la cour, passa par Cambrai en carosse. Il entra par la porte de Saint-Sepulcre, au son de toutes les cloches de la ville, et au bruit du canon dont on tira cent vingt-huit coups. Les rues de son passage étaient couvertes de sable et ornées de tapisseries; les trois sermens de la ville, savoir : les archers, les arbalestriers et les canonniers, étaient en bel ordre sur le marché au bois. Là, l'archevêque en soutane violette et en manteau long de même couleur, fit son compliment à Sa Majesté. M. de Laurière, commandant de la ville, et le magistrat firent aussi leur compliment pendant qu'on renouvelait les chevaux de poste. Le roi sortit par la porte de Selles.

Le comte de Saxe, général de l'armée de France, avait ouvert la campagne en Flandre par le siège de Tournay, les anglais et leurs alliés se sont aussitôt assemblés pour aller au secours de cette place. Le roi, qui s'était rendu à son armée, lui vit remporter une victoire des plus signalées à Fontenoy, près d'Antoing; le duc de Cumberland à la tête des Anglais, Hanovriens, Autrichiens et Hollandais, commença l'attaque le 11 de mai à la pointe du jour. Le combat long-temps incertain, s'est enfin décidé en faveur des Français, à une heure après midi, et les ennemis étant partout défaits ou rebutés, se sont retirés en désordre, abandonnant une partie de leurs canons et laissant sur le champ de bataille plus de quinze mille morts et blessés. Le château de Selles et celui de Cantimpré furent remplis de prisonniers faits à cette bataille.

Tournay, investie le 25 d'avril, se rendit le 24 de mai, après 23 jours de tranchée ouverte. La citadelle, l'une des plus fortes des Pays-Bas, fut réduite en poussière et emportée en 19 jours de tranchée ouverte.

On entendait le canon de ce siège de Cambrai.

Gand, Bruges, Oudenarde, Dendermonde, Ostende, Nieuport, Ath, tombèrent successivement en la puissance du roi.

1745. On ne fit pas le concours pour les cures cette année, parce que la plus grande partie du diocèse était infestée de la guerre.

Le 18 de mai, les bourgeois de Cambrai firent la garde par ordre du magistrat, mais comme cette charge ne tombait que sur les gens de métier, ils refusèrent de la faire dorénavant, ce qui força le commandant de la ville à fermer trois portes, ne laissant que la porte de Selles ouverte parce que c'est la porte de l'armée; mais bientôt on ouvrit deux portes, puis trois, laissant toujours la porte de Saint-Sepulcre fermée; alors les bourgeois voisins de cette porte se chargèrent de la garder en fournissant trois hommes tous les jours et l'abbé de St-Sepulcre s'obligea à en donner un aussi, d'où il résulta que toutes les portes furent ouvertes comme de coutume.

Le roi de France vendit les places municipales de son royaume : les places d'eschevins de cette ville ont été vendues mille escus, ce qui monte à la somme de trois mille livres monnaie de France. Ceux qui les achetèrent furent méprisés des bourgeois, parce que la plus part d'entre eux n'étaient que simples bourgeois, marchands ou fils de marchands et d'artisans. Ils prirent possession de leurs charges le 16 de juillet de cette année 1745.

Le 21 d'octobre de la même année, l'intendant nomma par son subdélégué, sept eschevins élus d'entre les notables de Cambrai, dont plusieurs avaient déjà administré cette charge avec applaudissement des bourgeois. Lorsqu'ils entrèrent dans l'Hôtel-de-Ville pour prendre possession de la magistrature, on fit jouer le carillon et on sonna la grosse cloche de la tour de Saint-Martin. Depuis ce temps ceux qui avaient acheté la magistrature servirent tour-à-tour, la moitié une année et l'autre moitié l'autre, et en l'an 1751 leurs charges ont été supprimées après avoir été remboursées, et l'intendant nomma à l'ordinaire.

Notre Saint Père le pape Bénoit XIV avait accordé au roi de France un jubilé pour prier de détourner le fléau de la guerre de son royaume. Ce jubilé commença dans notre diocèse le 25 octobre par une procession générale à laquelle l'archevêque assista. Les stations se firent dans l'église de St-Sepulcre, et le 7 de novembre le jubilé se termina par une autre procession solennelle qui fut suivie dévotement par tous les habitans, même par les infirmes.

1746. Troisième campagne en Flandre. Bruxelles prise par le roi Louis XV au mois de février. Cette place se trouva investie le 30 du mois de janvier ; les troupes qui défendaient Vilvorden et les forts de son canal furent enlevées.

Louvain fut occupé et la tranchée ayant été ouverte le 7 du mois de février, la garnison composée de dix-huit bataillons et de neuf escadrons, a été obligée de se rendre prisonnière de guerre. Dix-sept officiers généraux qui se trouvaient dans la ville, ont subi le même sort. La caisse militaire des Autrichiens, Anglais et Hollandais est tombée au pouvoir des Français, ainsi qu'une grande quantité d'attirails de guerre.

Le 2 mai, le roi vint à Arras et en partit le lendemain, après que Malines, Lière, Arschot, Hérentals ont été évacués, et que le fort Sainte-Marguerite a été rendu. La ville d'Anvers, abandonnée de sa garnison, ouvrit ses portes au roi, la citadelle fut obligée de capituler le 31 de mai. Le roi visita cette belle ville et en partit le 10 pour Versailles.

Mons, investie le 7 juin, s'est rendue le 10 de juillet.

La garnison de St-Guislain s'est constituée prisonnière le 26 de juillet. Le prince de Conti, qui en faisait le siège, conserva la belle abbaye de cette petite ville. Tous les bourgeois s'y retirèrent pour être en sûreté. L'abbé de St-Guislain fit présent au prince de six chevaux de carosse.

Charles-le-Roi, une des plus fortes places de cette frontière, a suivi le sort de St-Guislain le 2 d'août, cinquième jour de la tranchée ouverte.

Namur a été investie le 5 de septembre et prise le 19. La garnison qui s'était retirée dans les chateaux, au nombre de treize bataillons, ne s'est rendue prisonnière que le 30 dudit mois.

Le comte de Saxe termina cette campagne par la victoire qu'il remporta sur les alliés à Rancourt le 11 d'octobre. Cette victoire couta cher à la France. M. de Fénélon, neveu de l'archevêque lieutenant-général et gouverneur du Quesnoy, y fut blessé à la cuisse, ce dont il mourut.

On commença le concours pour conférer les cures vacantes le 9 de février.

On ferma les portes à Cambrai parce qu'il n'y avait que cinquante hommes de milice pour garnison. Les bourgeois voisins des portes de Cantimpré et de Selles en obtinrent l'ouverture à condition de mettre à chaque porte quatre hommes à qui ils donnaient 8 patars pour leur garde. Ils faisaient payer un double à tous ceux qui entraient pour porter quelques denrées au marché.

Sur la fin de cette année 1746 est mort don Théodore La Coquerie, abbé de Saint-André du Cateau; il était né à Cambrai. On pensait que le roi aurait nommé à cette abbaye, mais Sa Majesté laissa l'archevêque de Cambrai dans ses droits. L'archevêque députa le sieur Colin, vicaire-général et deux autres chanoines pour présider à l'élection. Le prieur de ce monastère a été élu.

1747. Quatrième campagne en Flandre.—Louis XV passa par Cambrai en poste le 30 mai, vers les 2 heures après midi; les rues de son passage étaient couvertes de sable depuis la porte de Saint-Sépulcre jusqu'à la porte de Notre-Dame et ornées de tapisseries, peintures, branches d'arbres, chroniques et vers Français; l'Hôtel-de-Ville et le marché étaient magnifiquement tapissés. L'archevêque de Cambrai et le duc de Chartres étaient partis la veille pour Mons où ils reçurent Sa Majesté qui y fit son entrée vers 7 heures du soir, le même jour qu'il passa par Cambrai.

Les Français commencèrent la campagne par la prise des villes de l'Ecluse, du Sas-de-Gand, des Forts de la Perle et de Liffienshoeck; des villes de Philippine, d'Hulst et d'Axel. Plus de cinq mille hommes furent faits prisonniers dans ces places.

Le 2 de juillet, le roi remporta la victoire de Laffels. Laffels est auprès de Maestrick, nous avons cependant entendu fort distinctement le canon de la bataille, des environs de Cambrai; ce qui a surpris tous ceux qui l'ont entendu, et leur a fait dire que bientôt nous aurions la nouvelle de quelque action. Cela ne manqua pas : le courrier passa le 4 par Cambrai à six heures du matin, et fit part de cette heureuse nouvelle au public.

La prise de Berg-op-Zoom est le fruit de la victoire de Laffels. Ce siége qui sera à jamais mémorable a commencé le 14 juillet, par l'ouverture de la tranchée. Les batteries de brêche ne se sont trouvées en état de tirer que le 9 de septembre. La place ayant été ouverte en peu de jours, les troupes Françaises y sont montées à l'assaut le 16 à cinq heures du matin. Tout ce qui s'est présenté du côté des assiégés a été détruit ou fait prisonnier. Les forts qui dépendent de la place ont été attaqués avec le même succès; les troupes qui campaient sous leur protection ont abandonné leurs armes et leurs équipages. Les bourgeois ont eu la vie sauve, mais quoiqu'ils eurent mis des croix blanches, les hommes à leurs chapeaux, les femmes à leurs coiffures pour signe qu'ils étaient catholiques, cela n'appaisa pas la fureur du soldat. Ils furent obligés, durant quarante-huit heures que la ville a été au pillage (1) d'essuyer les affronts les plus sanglans : les portes, les fenêtres de leurs maisons ont été brisées, ainsi que leurs meubles; leurs provisions de bouche dissipées, leurs biens enlevés, leurs corps dépouillés tous nuds et ce qu'il y a de plus criant, leurs femmes et filles déshonorées. Le roi leur fit donner le pain pendant l'hiver.

1747. Obligation aux bourgeois de Cambrai de faire la garde; personne n'en est exempt. Ceux qui ne la font pas donnent douze patars pour qu'on la fasse à leur place. Ils commencèrent à la monter au mois d'avril, ce qui dura jusqu'à la Toussaint.

Un marchand de tabac, nommé Nicolas Caillard, demeurant dans une belle maison appartenant à l'abbaye de Saint-Aubert, sur le rang de l'Hôtel-de-Ville, à l'entrée de la rue des Trois-Pigeons, avait amassé une grande quantité de poudre à tirer; cette poudre prit feu (le 4 décembre, à trois heures après midi), fit sauter le quartier de derrière de cette maison où elle était déposée, endommagea le quartier de devant et les

---

(1) Le fort du pillage n'a duré que 3 heures.

maisons voisines. Le fils de la maison qu'on croit auteur de cet accident et quatre ouvriers furent tués : quatre autres personnes furent grièvement blessées.

Messire Augustin Jahon, abbé de Saint-Aubert, est mort le 24 de décembre 1747. Il avait succédé à messire Joseph Pouillaude, frère de don Placide Pouillaude, abbé de Saint-Sépulcre, tous deux nés en cette ville de Cambrai. C'est messire Jahon qui a fait bâtir le nouveau chœur de Saint-Aubert. Cela commença sur la fin de l'an 1738; il fit transférer sous le clocher le jubé qui fermait l'ancien chœur; fit copier toutes les épitaphes et les armoiries qui se trouvaient sur les vitres et ailleurs; puis commença à démolir l'ancien chœur au mois de novembre 1739. Il avait été bâti par Michel de Franqueville, abbé de Saint-Aubert. Robert de Croy, dernier évêque de Cambrai, y avait mis la première pierre le 24 d'avril de l'an 1543.

Pendant qu'on travaillait à sa démolition, un soldat suisse, nommé Joseph Solmat, tomba avec quelques ruines d'une muraille haute d'environ soixante pieds (le 30 avril 1740) il n'eut que le pouce disloqué: il dit avoir invoqué pendant sa chute la Ste-Vierge qu'on honore dans son pays sous le nom de N.-D. de la Pierre.

Il a fallu percer dans la terre aux environs de quarante pieds pour trouver le bon banc pour y établir les fondations du nouveau chœur. Cet édifice a été achevé sur la fin de l'an 1745. Messire Jahon en fit la bénédiction la veille de Noël de la susdite année, et le lendemain on y célébra l'office pour la première fois.

1748. cinquième campagne en Brabant. Le 9 avril le maréchal comte de Saxe fit l'investissement de la ville de Mastrick. On apprit le 3 mai que les préliminaires de la paix avaient été signés le 30 d'avril à Aix-la-Chapelle, suivant quoi le baron Daylva, gouverneur de Mastrick, remit la ville aux troupes du roi de France le 8 du même mois.

Le 18 octobre de la même année, le traité définitif de la paix générale a été signé à Aix-la-Chapelle; ensuite toutes les villes prises par l'armée de France pendant la guerre, ont été remises à leurs anciens souverains.

Messire Robert Bernard, chanoine de Notre-Dame et vicaire-général de l'archevêque de Cambrai, est mort le 24 de mars 1748, âgé de 82 ans. Il était né à Cambrai. Le diocèse a été gouverné soixante-trois ans de suite par des vicaires-généraux nés en cette ville. Le sieur Jean-Baptiste de Franqueville a régi ce diocèse l'espace de trente-quatre ans avec beaucoup de capacité et de fermeté. Le sieur Mazille élève de M. de Franqueville, a gouverné dignement l'espace de vingt-trois ans; M. Bernard lui a succédé et a administré la charge de premier vicaire-général l'espace de six ans.

Le 31 de mai, la foudre a brisé 8 branches aux festons de la pyramide du clocher de Notre-Dame.

Le 19 juin de la même année, l'orage fit grand dommage dans dix-huit terroirs, depuis Fontaine-Notre-Dame jusqu'à Bavay. Etrun, Paillencourt, Thun-Lévêque et une partie d'Eswart ont été tellement accablés de la grêle, qu'il ne resta nulle récolte.

J'ai vu des grêlons de la grosseur d'un œuf de poule, il en est tombé dans les terroirs qui ont été tout-à-fait détruits d'aussi gros que le poingt, quelques uns aussi gros qu'une demi-brique.

La mortalité des vaches a encore cette année fait ravage dans ce pays; le beurre a valu treize patars la livre.

La citadelle de Cambrai est gardée par cinquante invalides. Les bourgeois gardent la ville.

1749. PUBLICATION DE LA PAIX. Le 21 de février la paix a été publiée à Cambrai à onze heures par le magistrat, après que la cloche du guet a sonné l'espace d'un quart d'heure. Tous les membres étaient sur le balcon de l'Hôtel-de-Ville en habit de cérémonie avec M. de la Gibaudière, commandant de Cambrai. Puis les deux semainiers et le prévost la publièrent aux carrefours de la ville. Ils étaient à cheval revêtus de leur robe, précédés de timballes et trompettes; et le dimanche 23 du même mois on sonna toutes les cloches depuis douze heures jusqu'à une heure, et le soir, après le *Te Deum*, on alluma le feu de joie. Il était haut de sept étages orné de galeries et de bannières aux armes de France, et des autres princes contre lesquels le roi avait fait la guerre. On fit plusieurs décharges de canon et de mousqueterie depuis dix heures jusqu'à sept heures du soir. On fit couler quatre pièces de vin qui étaient posées sur le balcon (1). Le marché était illuminé, mais principalement la façade de l'Hôtel-de-Ville.

---

(1) De l'Hôtel-de-Ville.

Le portrait du roi était au dessus du balcon, avec ces mots : Vive le Roi! faits en illumination. Tout le reste de la ville a été aussi illuminé.

Il y eut cette nuit bal public. Le commandant et le magistrat y mirent si bonne surveillance qu'il n'y eut aucun désordre, et que tout se passa avec honnêteté. Le bal était divisé en trois classes : les notables de la ville dansaient dans la grande salle de l'Hôtel-de-Ville : elle était tapissée magnifiquement et illuminée de beaucoup de lustres ; les médiocres dansaient dans la deuxième salle qui mène au balcon; le menu peuple dansait dans la troisième. Il y eut d'abondans rafraîchissemens ; le bal commença à neuf heures et demie.

Mais comme il n'y a pas de joie sans tristesse, il arriva un fâcheux accident. On avait préparé quantité de fusées pour les tirer après le feu de joie. Elles étaient dans un parquet proche la chapelette, à plate terre, sans être rangées; il y avait dans ce parquet quatorze personnes qui s'y étaient enfermées pour voir mettre le feu aux fusées. La deuxième des fusées qui s'éleva en l'air retomba sur les autres qu'on n'avait pas couvertes et les alluma toutes, ce qui brûla les quatorze personnes qui ne purent se sauver. Deux sont mortes et quatre ou cinq des autres eurent peine à se guérir.

Pendant que le roi fit la guerre en Flandre, tous les curés des villes et de la campagne, soumis à la domination de Sa Majesté, ont chanté au commencement de chaque campagne une messe solennelle ; et tous les dimanches et les fêtes, on a chanté par ordre de M. l'archevêque de Cambrai, *l'exaudiat* tout au long, et on a donné la bénédiction du Saint-Sacrement.

1749. Le 10 mars 1749, on fit un service solennel à Notre-Dame pour les soldats et officiers morts pendant la guerre.

Les comédiens vinrent au printemps de l'année 1749, représenter leur comédie dans l'hôtel-de-ville. Beaucoup de gens oisifs et surtout les officiers de la garnison qui était alors fort nombreuse, ne manquèrent pas d'en profiter. Les curés et autres prédicateurs employèrent leur zèle pour faire tomber ces divertissemens, mais ils n'y purent rien jusqu'à ce que la comédie disparut d'elle-même.

L'archevêque donna dispense de manger de la viande certains jours de la semaine pendant le carême de l'an 1748, à cause de la rareté et de la cherté du poisson. La guerre entre les Anglais et les Français, en entravait la pêche. Le saumon et la morue valaient huit patars la livre. En 1749, le carême fut remis en son entier.

On fit une fort belle procession le jour de la mi-août 1749. Il y avait sept chars de triomphe, accompagnés de plusieurs belles cavalcades. Le soir, on tira un fort beau feu d'artifice. En 1750, il y eut encore une belle procession le même jour de l'Assomption. Les sermens de la ville, savoir: les arbalestriers, les archers et les canonniers (1) y

---

(1) Les sermens qui n'étaient plus qu'au nombre de trois, avaient été originairement plus nombreux. Outre les *arbalestriers* qui étaient fort anciens, on comptait *les canonniers de Plai-*

assistèrent. On leur donna leurs vins à l'ordinaire : je marque ceci parce qu'on leur refusa leurs vins pendant la guerre, on voulait même les abolir comme inutiles, et conserver seulement les canonniers qui tiraient le canon pour les réjouissances, dans l'absence de la garnison.

Paris de Bellebat, prévôt de Notre-Dame, étant mort dans le mois de janvier 1744, le chapitre, fondé sur je ne sais quel droit, conféra cette dignité à M. de la Verdure, chanoine de Notre-Dame, et le pape, qui était en possession de conférer, la donna au sieur Maurice, chanoine de la même église. Les deux concurrens procédèrent premièrement au parlement de Flandre, puis le procès fut évoqué au conseil privé, selon le désir de Sa Sainteté qui pria le roi d'y faire juger le différend. La chose tira en longueur; pendant ce temps, le pape

---

sance auxquels Robert de Croy joignit en 1543 le serment des *canonniers de la Couleuvrine* qu'il avait créé, et auquel il avait donné un drapeau orné de ses armes; (plus tard, le corps des canonniers de Plaisance fut supprimé, celui seul aux armes de Robert de Croy subsista); le serment des *archers de Saint-Sébastien* qui fut en 1554 confondu avec *ceux de Saint-Christophe*. Nous ne mentionnerons qu'en passant, *les souffleurs de Saint-Robert*, serment aussi ancien que bizarre et inutile, aboli en 1741.

Ce ne fut qu'en 1713, et à l'occasion de la paix d'Utrecht, que les sermens de Cambrai prirent l'habit uniforme.

La première compagnie bourgeoise, les grenadiers de Saint-Félix portaient un costume des plus brillans : ils étaient habillés de rouge, ayant la veste d'un riche tissu d'or et d'argent. Une autre compagnie de grenadiers était vêtue de bleu et coiffée de bonnets à poils. Il y avait aussi une compagnie à cheval, qui comme le reste de la milice bourgeoise, portait au chapeau le plumet blanc qui était d'uniforme général.

accorda par indulte à Sa Majesté, tout le droit qu'il avait de nommer aux dignités et aux canonicats des trois chapitres de Cambrai, s'en réservant la collation.

1750. Le 3 de février, les états du Cambrésis, pour éviter les inondations de l'Escaut, firent élargir son lit de quarante pieds, lui donnèrent un écoulement plus droit dans les endroits où il serpentait. Ce travail coûta des sommes immenses.

1750. Le séminaire archiépiscopal qui avait été abandonné pendant la guerre, à cause des courses des ennemis, est remis à la Saint-Remy à Beuvrage, où il était auparavant. Il n'est plus dirigé par les prêtres de Saint-Sulpice, à qui M. de Fénélon en avait donné la direction; mais par le père Lefebvre, jésuite. Les deux professeurs et l'économe sont des prêtres du diocèse.

On travailla pendant cette année et en l'an 1751, à abolir la mendicité à Cambrai.

1751. Le 14 de septembre, on a annoncé à six heures du matin, la naissance du duc de Bourgogne, par le son de toutes les cloches, et par plusieurs décharges de canon, et au lieu des grandes réjouissances que l'on avait projetées, on maria dix filles qui eurent chacune cent écus en mariage, ce qui se fit par ordre du roi.

1752. Le 15 d'août, il y eut une procession des plus magnifiques, mais ce que j'estime le plus, c'est que le chapitre obtint du pape une indulgence plénière pendant l'octave de la fête de l'Assomption, en mémoire de ce que la veille de cette fête, l'image miraculeuse de la Sainte-Vierge avait été déposée solennellement dans la chapelle de la Sainte-Trinité : ce fut en l'an 1450. Elle avait été donnée par maître Foursy du Bruylle, chanoine de Notre-Dame en l'an 1450. Le jour de l'Octave après midi, les chanoines et tout le clergé assistèrent à la procession; une multitude innombrable, tant de la ville que des lieux circonvoisins, suivit cette cérémonie.

M. de Bonneguise, chanoine de Notre-Dame de Cambrai, archidiacre, grand scelleur et vicaire-général, a été nommé à l'évêché d'Arras dans le mois d'avril 1752. Depuis cinquante ans, ladite église de Cambrai a fourni sept évêques choisis par le roi parmi les chanoines, pour différens évêchés. M. Sabattier, chanoine de Notre-Dame et vicaire-général, a été évêque d'Amiens; M. de Lavalle, évêque d'Ypres; M. de Beaumont, neveu de M. de Fénélon, archevêque de Cambrai, a été évêque à Xaintes; M. de la Motte de Salignac de Fénélon, autre neveu de l'archevêque, fut nommé à Pamiers; M. de Vis à Boulogne-sur-Mer; M. de Gouy-Boucly à Perpignan.

1753. L'archevêque de Cambrai transféra presque toutes les fêtes de l'année au dimanche suivant; il n'y en eut que cinq laissées à leur jour ordinaire.

TABLE

DES PRINCIPALES MATIÈRES.

	PAGES.
Albin (Charles de St.), archevêque,	51
Arleux (prise du fort d'), par les Français,	25
Aubert (église de St.), clocher,	64
Nouveau chœur bâti par messire Jahon, en 1738. Les fondations ont 40 pieds de profondeur. Jubé. Peinture sur les vitres. L'ancien chœur avait été bâti par Michel de Franqueville, en 1543,	93
Aurore boréale,	47
Bal divisé en trois classes de personnes,	96
Bibliothèque de la ville, donnée par Charles de St.-Albin,	85
Bouchain, pris par Malboroug,	23
Bourdon Amé, célèbre médecin de Cambrai,	10
Bourgogne (ducs de) et de Berry, à Cambrai,	13
Cantimpré (abbaye de),	66
Carmes déchaussés,	67
Catéchisme. L'ancien catéchisme de Cambrai, fait par Gaspard Nemius, archevêque de la dite ville, en 1652, corrigé dans ses expressions vieillies par Charles de St. Albin,	52

PAGES.

Chars de triomphe,	11	28 71	97
Charité (sœurs de la), introduites à Cambrai, en 1702,			33
Chartres (duc de), à Cambrai,			78
Chenilles (irruption de),			70
Cimetière St.-Roch, respecté par les armées,			29
Clairisses,			80
Cloche de Notre-Dame, Marie Pontoise,			13
Cloche du guet de la tour de St-Martin,			71
Comédie à Cambrai,		42	97
Congrès de Cambrai,			42
Denain (bataille de),			26
Disette, en 1709,			15
Dubois (Guillaume), archevêque,			41
Echevins (charges d'), vendues mille écus, 1745, remboursées et supprimées en 1751,			88
Escaut élargi de 40 pieds,			99
Estrées (l'abbé d'), successeur de Fénélon,			37
Fénélon,		12	29
Son cercueil transporté du chœur de Notre-Dame dans l'intérieur des cavaux,			50
Fêtes de l'année transférées au dimanche,			100
Fêtes pour la naissance du Dauphin, 1729,			66
Fontaine Notre-Dame,			29
Garde. Les bourgeois font la garde,	87 90	92	95
Géry (fête de St.), laquelle a lieu tous les cent ans,			11
Géry (chapitre de St.), affaire scandaleuse de l'archevêque avec les chanoines de St.-Géry,			53

PAGES.

Goût, St.-Goût et St.-Appétit,	50
Grenadiers de St.-Félix, première compagnie bourgeoise, leur costume,	28
Guerre en Flandre par Louis XV, 1744, 1745, 1746, 1747, 1748.	81 86 89 90 94
Hiver rigoureux, 1740,	74
Image miraculeuse de la vierge, donnée par maître Foursy du Bruylle, en l'an 1450,	100
Impôts. Les états de Cambrai s'abonnent pour les impôts que Louis XV met sur tout le royaume, moyennant 60,000 francs,	70
Incendie á l'archevêché, 1698,	13
Incendie de la pyramide de l'hôtel-de-ville,	13
Incendie de la sacristie de Notre-Dame,	73
Incendie de l'église de Marais où périrent environ 400 personnes,	26
Inondation,	16
Jésuites. Eglise des jésuites,	10
Law (système de),	38
Lillois (dévotion des), à N.-D. de grâce de Cambrai,	14
Louis XIV prend Cambrai, (battue par la porte de Selle.)	7
Mort de Louis XIV,	29
Magdeleine (clocher de la),	66
Malplaquet (suites de la bataille de),	20
Mariages (dix), à l'occasion de la naissance du duc de Bourgogne,	99
Martin (clocher de St.),	65 70
Mendians,	78 99
Miracle de Sainte-Catherine de Boulogne,	28

	PAGES.	
Mortalité. 1200 personnes environ meurent à Cambrai,		79
Mortalité des vaches,	84	95
Notre-Dame (église de), achèvement du chœur, mutilation qu'on fait subir, à cette occasion, à l'église,		48
Paix d'Utrecht (réjouissances),		28
Paix entre le roi de France et l'empire, publiée à Cambrai,		73
Paix (publication de la), à Cambrai,		95
Parlement transféré par le roi, à Cambrai,		14
Police (divers réglemens de),		76
Prix des denrées durant l'hiver de 1740,		75
Procession du 15 août,	71 82 97	99
Plantation d'arbres sur les grands chemins,		64
Puits. Mort tragique d'un puisatier allemand,		41
Saisons (dérangement des),		46
Sépulcre (église de St.),		13
Séminaire de Beuvrage,	84	99
Sermens,	28 51	97
Souffleurs (serment des),		79
Stanislas (le roi), à Cambrai,		73
Suette (la), maladie,		46
Tremblement de terre,		11
Trémoille (Joseph de la), archevêque,		38

FIN DE LA TABLE.

www.ingramcontent.com/pod-product-compliance
Lightning Source LLC
Chambersburg PA
CBHW070301100426
42743CB00011B/2292